두려움에
딴지를
걸어라

두려움에 딴지를 걸어라

발행일	2019년 8월 9일

지은이	양병태		
펴낸이	손형국		
펴낸곳	(주)북랩		
편집인	선일영	편집	오경진, 강대건, 최예은, 최승헌, 김경무
디자인	이현수, 김민하, 한수희, 김윤주, 허지혜	제작	박기성, 황동현, 구성우, 장홍석
마케팅	김회란, 박진관, 조하라, 장은별		
출판등록	2004. 12. 1(제2012-000051호)		
주소	서울시 금천구 가산디지털 1로 168, 우림라이온스밸리 B동 B113, 114호		
홈페이지	www.book.co.kr		
전화번호	(02)2026-5777	팩스	(02)2026-5747

ISBN	979-11-6299-813-7 03320 (종이책)	979-11-6299-814-4 05320 (전자책)

이 도서의 국립중앙도서관 출판예정도서목록(CIP)은 서지정보유통지원시스템 홈페이지(http://seoji.nl.go.kr)와
국가자료공동목록시스템(http://www.nl.go.kr/kolisnet)에서 이용하실 수 있습니다.
(CIP제어번호: CIP2019030141)

원하는 모습으로 자신을 바꾸는 놀라운 역발상의 기술

두려움에
딴지를
걸어라

양병태 지음

북랩 book Lab

지혜 있는 자는 궁창의 빛과 같이 빛날 것이요,
많은 사람을 옳은 데로 돌아오게 한 자는
별과 같이 영원토록 빛나리라.

— 『다니엘』 12장 3절 —

프롤로그

커피를 마시지 않는다. 사람 만나 대화할 때 빼고는.

어느 날 글을 쓰다 가슴이 먹먹해졌다. 갑자기 커피가 생각났다. 불에 주전자를 올렸다. 음악을 곁들이고 싶었다. 예전에 한 번 들은 〈가족사진〉이라는 노래가 떠올랐다. 휴대폰으로 노래를 틀었다. '어, 이게 뭐지?' 먹먹해진 마음을 가사 하나하나가 매만졌다. 커피잔을 바닥에 내려놓았다. 안경을 벗고 오른손으로 뜨겁게 흘러내리는 눈물을 훔쳤다.

지갑에 '가족사진'을 넣고 다닌다. 23년 전 고향 집에서 찍은 아버지 회갑기념 사진이다. 아버지 왼편에 앉은 형, 어머니 오른편에 무릎 꿇은 채 두 손을 나란히 모은 나, 부모님 뒤편에 한복을 곱게 입은 세 누나들이 보인다. 사진 속 '아버지'를 바라보면 여러 감정이 교차한다. 내가 스물두 살 때 하늘로 떠난 아버지. 아버지는 내게 두려운 존재였다. 내게 불안과 상처를 남겼다.

하지만 내가 마흔이 넘으며 아버지가 다르게 보이기 시작했다. 내가 아버지를 용서할 게 아니라 아버지가 나를 용서해야 함을, 내가 아버지를 참은 게 아니라 아버지가 나를 오래 인내했음을 깨달았다. 세파에 시달리며 이곳저곳 깨져 아플 때면 아버지가 그리웠다. 골목길을 아버지와 걷노라면 세상 두려울 게 없을 만큼 태산 같은 아버지에게 달려가 하소연하고 싶었다. 아내와 자녀를 대하는 내 모습 속에서 아버지 모습이 보인다. 나도 모르게 아버지를 닮아 있었다.

떨리는 심정으로 내 이야기를 세상에 보낸다. 십 대 시절 고등학교에 적응 못 해 우울증에 시달리다 자퇴했다. 삼 년을 죽은 듯 살다가 스무 살이 되어 재기를 위해 몸부림쳤다. 대학 편입에 도전했다. 거친 돌처럼 직장에서 좌충우돌하며 더불어 사는 법을 터득했다. 유산 아픔을 딛고 보물 같은 두 자녀를 얻었다. 그리고 나를 포기하지 않은 어머니와 나의 꿈 이야기.

4장에는 수많은 시행착오 끝에 몸과 마음이 고생하며 얻은 깨달음을, 5장에는 나그네 인생길 한 번쯤은 다른 사람이 시키는 일이 아닌 내가 하고 싶은 일을 하며 주도적 삶을 살아보자는 메시지를 담았다. 각 장 끝에는 자신과 대화를 통해 내면을 단단히 다지고 자존감을 높이도록 돕는 '생각 나눔터'를 꾸몄다.

이 책을 쓰며 내면이 치유됨을 경험했다. 그간 보지 못한 나의 부족한 모습, 알지 못한 나의 재능을 발견했다. 인생 후반전은 아침 해가 어서 뜨길 바라는 설렘으로 살고 싶은 의욕이 솟구쳤다.

부족한 남편을 항상 지지해주는 아내, "아빠, 최고!"라며 응원해주는 태은·태희에게 감사를 전한다. 5남매를 키우며 가족 위해 최선을 다해 사신 아버지와 못난 자식 꽃피우기 위해 밑거름이 되어주신 어머니에게 이 책을 바친다.

이 책을 읽으며 셀 수 없는 별처럼 수많은 사람들이 위로받고 다시 일어설 힘을 얻기를 간절히 바란다. 그리고 마음에 묻어둔 꿈을 꺼내 가슴 뛰며 가치 있는 삶 살기를 응원한다.

2019년 8월
양병태

1장

두려움이 온다.
성장할 준비를 하라

01
왜 항상 다른 사람의 기분을 살필까

카톡을 하지 않는다. 지인들이 이해할 수 없는 듯 묻는다.

"요즘 카톡 안 하는 사람이 어디 있어요?"
"계속 주고받고 번거로워서요. 그냥 통화하면 되는데."

스스로 생각해 본다. '카톡을 하지 않는 진짜 이유가 무엇인가?' 인정하고 싶지 않지만 다른 사람을 지나치게 의식하기 때문이다. 아내 휴대폰으로 지인에게 카톡을 보낸 적이 있다. 상대방이 확인했음에도 답이 바로 오지 않으면 불안해진다. 답이 왔나 자꾸 휴대폰을 쳐다보게 된다. '내가 표현을 잘못했나, 상대가 나 때문에 기분이 나쁜가?'라는 생각에 사로잡힌다.

서로를 격려하며 힘이 되어주는 지인 강사님이 있다. '강사'라는 직업 특성상 연락을 받으면 답을 바로 하기 어렵다. 강사님은 특히 제때 연락을 못 하는 성격이다. 강사님에게 문자를 보내거나 전화를 했는데 며칠이 지나도 답이 없으면 '내가 뭐 실수했나?'라는 마음이 든다. 나중에 연락이 되어 통화를 하거나 만나서 대화하면 아무 일이 없는데도.

어려서부터 아버지가 퇴근하는 시간이 가까워지면 마음이 '쿵쾅' 거렸다. 아버지 목소리가 들리면 방에서 숙제하다가도 대문까지 뛰어나갔다. 머리를 숙이며 아버지 기분을 살폈다. 큰 소리를 내고 표정이 안 좋으면 내 방으로 뛰어 들어가 숨을 죽였다. 아버지는 공무원이었다. 민원인을 상대하느라 술에 취해 퇴근하는 날이 많았다. 평소 아버지는 거실에서 빨래 개고 주방에서 어머니 설거지를 도왔다. 형과 나에게 간식으로 만두를 구워주고 라면도 끓여주었다. 기분이 좋을 때는 어머니를 웃기려고 애썼다. 아버지와 함께 골목길을 걷노라면 세상에 두려울 게 없었다. 아버지는 내게 산과 같이 든든한 존재였다.

하지만 술에 취한 아버지는 견디기 힘들었다. 어머니는 심한 말을 쏟아 내는 아버지를 피해 내 방으로 왔다. 내 옆에 누워 이불을 반쯤 덮었다. 물끄러미 내 얼굴을 바라보는 어머니. 입술을 깨물었다. '커서 술을 먹지 않겠다. 어머니를 행복하게 해 드리겠다.'

아버지는 순간 '욱'하고 화를 잘 냈다. 나는 아버지가 언제 화를 낼지 몰라 항상 불안했다. 아버지 기분을 살피는 게 일상이었다. 어려서부터 운동을 좋아해 친구들이 많았다. 하지만 집에 친구들을 데려온 경우는 드물었다. 주로 친구 집에 가서 놀았다. 친구들 앞에서 아버지가 화를 낼까 봐 겁났다. 안 좋은 집안 분위기를 친구들에게 들키기 싫었다.

학교 시험을 잘 보고 상기된 표정으로 집에 와서 아버지께 말씀드려도 잘했다는 칭찬을 듣지 못했다. 분위기를 파악한 어머니가 내게 잘했다고 여러 번 말해줬지만 아버지의 냉담한 반응에 의기소침해졌다. 하지만 다른 사람을 통해서 아버지가 나를 인정한 말을 들었을 때 온몸에 흐르는 전율을 느꼈다. 직접 들은 건 아니지만 아버지의 칭찬 한마디에 알 수 없는 힘이 났다.

『왜 나는 계속 남과 비교하는 걸까』 저자이며 심리학자인 폴 호크는 "서로 품고 있는 사랑을 표현할 때 안정적인 관계가 형성됩니다."라고 말했다. 이 세상에 자식을 사랑 않는 부모는 없으리라. 다만 부모가 자식에게 제때 사랑을 표현하지 않아 자식이 부모에게 사랑받고 있고, 인정받고 있음을 느끼지 못하는 것이다.

나는 시골에서 5남매 중 막내로 태어났다. 세 명의 누나와 형이 있다. 돼지 키우는 이웃 할머니가 어머니에게 "여자들 사이에 남자 하나만 있으면 외로우니 아들 하나 더 낳아."라고 자주 얘기했다고 한다. 어머니가 37세에 나를 낳았다. 지금은 결혼이 늦어진 시대라 37세에 첫째 아이를 출산하기도 하지만 그때는 아이 낳기를 꺼리는 노산이었다.

누나들과 나이 차가 크다. 내가 초등학생일 때 이미 누나들은 직장인, 대학생, 고등학생이었다. 집에서 누나들과 함께한 세월이 짧다. 특히 큰누나와 같이 산 기억이 없다. 큰누나는 서울에서 직장을 다녔다. 가끔 집에 들러 시골에서는 보기 드문 신식 필통과 같은 선물을 사다 주었다. 도시에서만 파는 필통을 학교에 가져가면 친구들이 부러워했다. 학교에 가서 자랑하고 싶은 마음에 '큰누나가 이번에 오면 뭘 사다 줄까?' 은근히 기대했다.

누나들은 고등학교 때부터 독립해 전주에서 자취했다. 누나들이 집에 오는 주말을 손꼽아 기다렸다. 한번은 일요일에 전주 자취 집으로 돌아가기 위해 동네 골목길을 지나 터미널을 향하는 둘째 누나 뒤를 졸래졸래 따라갔다. 누나는 맘에 걸렸는지 전주까지 나를 데려갔다. 자장면도 사주고 내가 제일 좋아하는 오락실도 데려갔다. 그렇게 즐거운 시간을 보낸 후, 누나는 나를 데려다주러 시골

집에 같이 내려왔다가 다시 전주로 올라갔다. 누나들이 주말에 집에 왔다가 다시 가고 나면 허전함과 외로움에 우울해졌다. 적막하고 무거운 집안 분위기에 마음 붙일 곳이 없었다.

20대 후반 한 여성이 2018년 10월 8일 『한국일보』 지면을 통해 정신건강의학과 의사인 오은영과 상담했다. 상담 여성은 대화 없는 가정환경에서 자랐다. 과묵한 아빠는 욱하는 성격이고 엄마는 모든 잘못을 딸에게 돌렸다. 상담 여성은 자신이 하는 말과 행동을 '다른 사람이 어떻게 생각할까?'라는 생각이 들어 관계를 맺는 데 어려움이 있음을 호소했다. 답변 내용에서 '정서적 밥'이라는 단어가 눈에 들어왔다. 몸이 건강해지려면 제때 밥을 먹어서 영양을 공급받아야 하듯 자녀는 '정서적 밥'인 부모의 사랑과 인정을 제때 받아야 안정적으로 성장한다는 것이다.

언젠가부터 나의 진짜 모습을 드러내지 못한다. 있는 그대로의 모습을 보이면 상대가 부담스러워해 관계가 멀어질까 두렵다. 상대에게 맞춰주는 게 관계를 이어가는 데 안전하다고 느껴졌다. 본래 모습을 마음껏 보여주지 못하고 움츠러들어 있는 나의 날개를 보며 안타까우면서도 돌파구를 찾지 못했다. 용기 내어 내 기분을 누군가에게 솔직히 표현했을 때, 듣는 순간에는 상대방이 공감하며 들어주는 듯하다. 하지만 나중에 그를 다시 만났을 때 어색해진 관계를 수차례 경험했다.

사람은 누구나 자신의 있는 모습 그대로를 인정받으며 사랑받고 싶어 한다. 부족한 모습을 보듬어주는 사람과 대화하며 함께할 때 행복을 느낀다. 지금 얼마나 당당하고 솔직하게 나를 표현하며 살고 있는가. 어느덧 마흔 중반이 된 나는 어린 시절과 마찬가지로 다른 사람 기분을 살피며 살고 있다. 자신에게 말을 걸어본다.

"이제는 너의 기분도 살피며 살 때가 되지 않았니?"

02
피할수록 깊은 수렁에 빠진다

똑똑.

신경정신과 상담실 문을 두드렸다. 고등학교 생활에 적응 못 해 전문가 도움이 필요했다. "이러다 큰일 나겠다."라며 놀란 학교 상담실 선생님의 안내로 찾게 되었다.

"학교생활에서 어떤 점이 가장 힘드니?"

"……."

아무 말도 할 수 없었다. 손이 떨리고 감정이 헝클어졌다. 상담 시간 내내 눈물만 흘렸다.

독서실에서 보내는 첫날 밤이었다. 옆자리 짝꿍이 무얼 그렇게 열심히 공부하나 흘깃 쳐다보았다. 순간 잘못 봤나 싶었다. 『성문 종합영어』와 『실력 정석수학』을 공부하고 있었다. 나는 시골에서 중학교를 졸업했다. 고등학교 입학 전 겨울방학 동안 『맨투맨 기본 영어』와 『기본 정석수학』을 조금 본 게 전부였다. 중학교 때 이미 고등학교 영어와 수학을 뗐다는 독서실 짝꿍 말에 '학습 충격'을 받았다.

전북지역 중학교에서 선발된 학생 30여 명이 학교 근처 독서실에서 생활을 시작했다. 고등학교 입학할 때 입주하기로 했던 학교 기숙사 완공이 늦어졌기 때문이다. 독서실 옆자리 학생에게 받은 충격으로 독서실 학생들 수준이 모두 높아 보였다. 마라톤 시작하기도 전에 한참 뒤처진 느낌이었다. 마음이 바빠졌다.

사람은 누구나 인생 갈림길을 마주한다. 선택해야 한다. 나에게 첫 번째 갈림길은 고등학교 진학이었다. 중학교 동창들처럼 '선 시험' 후 입학할 학교가 정해지는 전주 지역 학교로 갈지, '선 지원' 해서 시험을 보고 합격하면 입학하는 익산 지역 학교로 갈지 고민했다. 학생 스카우트를 담당한 익산 소재 고등학교 선생님이 중학교에 찾아와 아버지와 면담했다. 나는 아버지와 상의 후 익산으로 고등학교를 정했다. 그 결정이 내 인생을 송두리째 바꿀 줄은 당시로서는 상상도 못 했다.

태어나 집을 떠나보지 않았다. 공부는 여럿이 하기보다 집에서 혼자 해야 집중이 잘 됐다. 고등학교 시작을 독서실에서 시작한 나는 모든 게 낯설었다. 책상 밑에 이부자리를 만들어 자고 함께 움직이는 단체생활이 무척 힘들었다. 학교생활을 마치고 혼자 있는 공간이 있어야 숨통이 트이는 나였다. 항상 옆에 누가 있으니 집중이 안 되고 신경 쓰였다.

고등학교 입학 후 첫 시험날이 다가왔다. 독서실 옆자리 친구를 의식해서 학습속도를 평소 보다 높였다. 첫 시험을 잘 봐야 한다는 강박감이 몰려왔다. 마음에 불안이 싹텄다. 시험 보기가 두려워졌다. 결국 시험을 보지 않았다. 학교 측에서 긴장했다. 다른 지역에서 선발되어 입학한 학생들이 극심한 학습 경쟁으로 나처럼 학교생활에 적응 못하는 건 아닌지 살피기 시작했다.

고향 집으로 가서 일주일을 쉬었다. 가족 걱정이 이만저만 아니었다. 부모님은 당황했다. 어머니는 새벽마다 나를 위해 간절히 기도했다. 마음을 추스르고 학교에 나갔다. 한번 흔들린 마음은 며칠 고향 가서 쉬었다고 안정되지 않았다. 점차 학교에 가는 날보다 결석하는 날이 많아졌다.

서울에서 직장생활을 하는 셋째 누나가 걱정된 나머지 집에 내려왔다. 휴학하느냐 마느냐 누나와 대화를 나누었다. 일단 학교를 계속 다니는 방향으로 결정했다. 하지만 얼마 다니다가 다시 학교에 나가지 않았다. 1학년 1학기를 채우지 못한 채 '휴학'했다.

집에서 혼자 지냈다. 고향 친구들은 전주로 학교 다니는데 집에 혼자 있자니 남들 시선이 따가웠다. 사람을 피했다. 사람들과 소통하는 유일한 만남 터는 교회였다. 기독교 집안에서 태어나 어려서부터 다닌 교회가 내게 숨통을 터줬다.

혼자 있는 시간이 많다 보니 때로 무서울 정도로 깊은 생각에 빠져들었다. '죽음' 같은 안 좋은 생각이 들었다. 망상과 피해 의식에 사로잡혔다. 그나마 라디오가 위안이 됐다. 가요, 팝송, 클래식 등 다양한 장르 음악을 접했다. 외로운 시절에 라디오가 친구 되어주었다.

어느덧 복학 시점이 다가왔다. '내가 학교생활을 잘할 수 있을까?'라는 걱정이 앞서 2월에 미리 학교에 가보았다. 작년에 같이 입학했던 친구들을 기숙사 앞에서 만났다. 한 친구가 "이제 형이라고 불러야 해."라며 장난을 쳤다. '이번에는 잘해보자.'라고 마음을 다졌다.

복학을 했다. 친구들은 2학년, 난 1학년이었다. 마음이 복잡했다. 복학한 지 한 달쯤 지났다. 중간고사 시험일이 다가왔다. '피하지 말고 잘 해내자.'라고 다짐하고 또 다짐했다. 하지만 이번에도 시험에 직면하지 못했다. 또한 후배들과 같은 학년으로 지내는 게 생각보다 쉽지 않았다.

우울증이 생겼다. 담임선생님의 근심이 커졌다. 학교 상담실 선생님과 상의한 끝에 신경정신과 상담 치료를 시작했다. 일주일에 두 번. 여전히 상태가 좋아지지 않았다. 학교 측과 자퇴 얘기가 오갔다. 나를 스카우트하려고 중학교에 찾아왔던 선생님이 "학교를 그만두면 안 된다. 고향 근처 학교에 내가 아는 선생님이 근무하니 그곳으로 전학하는 게 어떠니? 소개 편지를 써주마."라며 전학 얘기를 꺼냈다. '학교를 그만두는 것보다는 낫겠다.'라는 생각에 '전학' 했다. 집에서 차로 20분 정도 떨어진 시골 고등학교였다. 자존심에 크게 금이 갔다.

중학교 3년 동안 전교 1등을 했다. 한 학년이 200여 명 되는 시골 중학교였지만 내 프라이드는 강했다. 몇몇 중학교 동창들이 전학 간 학교에 다녔다. 그들은 2학년, 난 1학년. 내가 전학 왔다는 소문을 듣고 동창들이 몰려왔다. 많이 놀란 표정이었다.

전학 간 학교에서도 적응하지 못해 출석일보다 결석일이 늘어났다. 자괴감이 밀려왔다. 부모님도 더 이상 어쩔 도리가 없었다. 학교에 가서 '자퇴' 도장을 찍었다. 공부가 인생 전부였던 나는 10대 시절에 그렇게 한번 죽었다.

중학교 때부터 미술 시간이 두려웠다. 미술 숙제는 둘째 누나가 도와줬다. 둘째 누나에게 미술 숙제 의존증이 생겼다. 누나는 미술 감각이 남달랐다. 미대에 진학했으면 멋진 화가가 되었을 게 분명하다. 누나가 도와준 숙제는 점수가 높았다. '옆에 미술 잘하는 사람이 있는데 굳이 내가 그릴 필요가 있나?'라는 안일한 생각이 둥지를 틀었다.

살면서 내가 범한 가장 큰 실수였다. 미술을 못하더라도 스스로 그리는 습관을 길렀어야 했다. 고등학교 생활에 적응 못 한 이유 중 하나도 바로 미술 시간이었다. 미술수업 전날이면 얼굴이 붉게 달아올랐다. 중학교 때도 미술 시간이 되면 비슷한 증상이 있었다. 그때는 둘째 누나가 옆에 있어 불안을 극복할 수 있었다. 하지만 고등학교 때는 혼자였다. 막내로 자랐고 집을 한 번도 떠나보지 않은 내가 얼마나 심약한지 뼈저리게 느꼈다.

세월이 지난 후 둘째 누나에게 속 애기를 나누었다.

> "누나에게 미술 숙제를 도와 달라고 한 게 잘못이었어. 나중에 결혼해서 자녀가 생기면 스스로 하도록 자립심을 키워주고 싶어."
> "너무 자책하지 마라. 나라도 그랬을 거야. 옆에 잘하는 사람이 있으면 의지하고 도와달라고 했을 거야."

누나는 힘들게 속마음을 털어놓은 나를 위로했다.

나의 삶은 누가 대신 살아줄 수 없다. 부담스러워 피하고 두렵다고 도망가면 인생이 끝을 알 수 없는 나락으로 떨어진다. 학교에서 좋은 성적을 내고 직장에서 인정받으려는 집착 때문에 꽉 쥐고 있는 주먹을 살며시 펴고 눈을 감은 채 심호흡을 해보라.

내가 고등학교 시절 직면하지 못한 학교 시험이나 미술수업같이 피하고 싶은 장애물이 있는가. 잘하지 못하더라도 하나씩 스스로 해내는 연습을 해보라. 피하지 않고 직면할 때 깊은 수렁에 빠져 허우적대는 자신을 건져낼 탈출구가 눈앞에 나타날 테니.

03
내가 떨고 있는 만큼 상대도 떨고 있다

"야, 불 꺼!"

독서실에서 잠들려고 하는데 저쪽에서 누군가 소리쳤다. 독서실은 자정이면 소등이었다. 한 친구가 규칙을 어겼다. 자정이 넘었는데 손전등을 켜고 구석에서 영어 단어를 '중얼중얼' 외우고 있었다. 여기저기 짜증 내는 목소리가 날카로웠다. 독서실은 총성 없는 전쟁터였다. 아무렇지도 않은 척 지냈지만, 서로를 의식하며 긴장이 감돌았다. 남들보다 앞서 나가려고 바둥거렸다.

어려서부터 부모님은 내게 한 번도 공부를 강요하지 않았다. 스스로 책상 앞에 앉았다. 동기부여가 되면 누가 시키지 않아도 알아서 움직였다. 하지만 독서실 생활은 엄격했다. 몇 시에 기상, 몇 시에 취침 등 다른 사람 지시에 따라 움직이는 생활에 숨이 막혔다. 이제껏 겪어보지 못한 강압적인 분위기에 몸과 마음이 경직됐다.

기숙사가 완공됐다. 독서실 생활을 끝내고 기숙사로 들어갔다. 나중에 들었다. 독서실 옆자리 친구가 입학시험 전교 1등이었다. 내 입학시험 성적은 독서실에 같이 있던 30여 명 학생 중 좋은 편이었다. 다른 사람 속도에 신경 쓰지 않고 내 속도대로 달렸어야 했다. 전교 1등인 학생을 의식한 나머지 마라톤 출발점부터 전력 질주하고 말았다. 우물 안이던 시골 중학교에서 전교 1등을 한 게 독이 되었다. 중학교 시절 3년 내내 쫓기는 마음이었다. 어쩌다 시험을 못 보면 세상이 끝난 듯 낙심했다. 중학교 시절 선생님에게 집중 관심을 받는 걸 당연히 여겼다. 고등학교 입학 후 주목받는 여러 학생 중 한 명인 사실이 견디기 힘들었다.

심리학자인 폴 호크는 저서인 『왜 나는 계속 남과 비교하는 걸까』에서 "자신이 늘 1등이어야 한다는 생각 자체가 이미 패배자의 운명을 가진 것이다."라고 말한다.

그렇다. 1등뿐 아니라 30등 할 수 있고 때로 꼴등도 할 수 있다. '행복은 성적순이 아니잖아요.'라는 말처럼 공부 외에 인생에서 의미 있고 행복한 일은 많다. 내가 좋아하는 일을 많이 찾을수록 일상이 행복해짐을 왜 그땐 몰랐을까.

D그룹 물류 계열사 면접장이었다. 당일에 1차 면접, 2차 면접, 3차 면접까지 이어졌다. 2차 면접은 영어면접이었다. 해외 영업 부문에 1명 채용하는데 70명이 몰렸다. 경쟁률이 70대 1이었다. 입이 타들어 갔다. 주변을 둘러보았다. 어떤 사람은 얼굴이 붉어져 있고, 또 다른 사람은 계속 코를 만졌다. 화장실을 다녀오는데 구석에 앉아 두 손을 모으고 있는 사람을 보았다. '나만 떨고 있는 게 아니구나.'라는 생각에 안심됐다.

5명씩 면접장에 들어갔다. 함께 들어간 사람이 면접관 질문에 말을 얼버무렸다. 내 차례가 왔다. 면접관이 질문한다.

"주량이 얼마나 되죠?"

"잘 못 마십니다."

하고많은 질문 중 하필 주량이라니. 1차 면접 후 자신감이 떨어졌다. 2차 면접장에 들어갔다. 고등학교 때부터 영어 회화를 갈고 닦아 온 터라 영어면접관과 여유 있게 대화를 주고받았다. 느낌이 좋았다. 3차 면접은 임원 면접이었다. 꾸미지 않고 당당하게 생각을 표현했다. 며칠 후 다음 주부터 출근하라는 연락을 받았다.

경쟁률 70대 1. 숫자만 보면 취업이 불가능한 듯 보인다. 맞서 싸울 엄두조차 안 나는 거대한 골리앗처럼 말이다. 하지만 주변을 의식하지 않고 '나다움'을 드러내면 좋은 결과가 있음을 깨달았다. 소년 다윗이 당당하게 용사 골리앗을 무찔렀듯이.

대전광역시장 배 탁구 대회 단체전 1회전이었다. 단체전은 5명이 출전하는 5단식 시합이었다. 동호회 1번, 2번 선수가 졌다. 동호회장이 필승 카드로 3번째 게임에 나를 내보냈다. '내가 지면 이대로 탈락이구나.'라는 생각에 두 손바닥이 땀으로 젖었다. 아뿔싸, 5세트 게임에서 2세트를 먼저 내주고 3세트마저 9대 7로 점수에서 밀렸다. 뒤에서 동호회원들이 "1회전에서 탈락하게 생겼네. 짐 쌀 준비해야겠다."라며 웅성거렸다. 한 명은 벌써 짐을 챙겨 경기장 밖을 향해 걸어가고 있었다.

신경 쓰지 않고 내 게임에만 집중했다. '할 수 있다!'라고 속으로 외치며 한 점씩 따라붙었다. 3세트를 이겼다. 동호회원들 표정이 바뀌었다. 박수와 응원 소리가 들렸다. 집에 가려던 동호회원이 발을 돌려 다시 자리에 앉아 응원하기 시작했다. 상대 선수 눈빛이 혼들렸다. 초반과는 달리 수건으로 자주 땀을 닦았다. 긴장한 상대를 보며 지고 있는 내가 오히려 여유를 찾았다. 모든 운동이 그렇듯 탁구는 배짱 싸움이다. 누가 더 대범하게 경기하느냐에 승패가 달려있다. '연습은 실전처럼 실전은 연습처럼'이라는 말처럼 시합장에서는 연습게임하듯 몸에 힘을 빼고 플레이를 펼쳐야 한다. 믿기 어려운 일이 벌어졌다. 4세트, 5세트를 내리 따내 역전승을 거두었다.

주변 사람들과 하이파이브 파도를 탔다. 같은 소속 동호회원이 아닌 사람이 내게 다가와 악수하며 말했다. "진짜 좋은 경기 봤습니다. 끝까지 포기하지 않는 모습을 배웠습니다." 단체전 1회전에서 지고 짐을 쌀 뻔한 동호회원들은 감격했다. 나를 둘러싸고 파이팅을 외쳤다. 1회전 탈락 위기를 극복한 동호회는 그날 단체전 '우승'이라는 대업을 달성했다. 단체전에서 앞선 두 명의 선수가 패했다. 세 번째 선수인 내가 지면 탈락이건만 두 세트를 내주고 3세트마저 지고 있었다. '무엇이 이 상황을 뛰어넘게 했을까?'

운동경기에서 꼭 이겨야 한다는 압박감 때문에 평소 실력을 발휘 못 한 경험은 누구에게나 있다. 긴장감이 몰려올 때 상대 입장이 되어보면 경기를 풀어나가는 데 도움이 된다. 상대가 겉으로는 아무렇지 않은 표정이지만 속으로는 나보다 더 떨고 있을 거라 생각하면 마음이 한결 편안해진다. 한 단계 더 나아가 '상대는 지금 나를 두려워하고 있다. 이 경기는 내가 더 유리하다. 나는 지금 몸상태가 아주 좋다.'라고 자신에게 주문을 걸어보라. 상대가 설사 실력이 나보다 뛰어나다 해도 마음 관리를 통해 자신감을 상승시키면 지고 있던 게임도 얼마든지 뒤집을 수 있다.

학교, 직장, 운동대회 시합장 등 어디서나 경쟁을 피할 수 없다. "피할 수 없으면 즐겨라."라는 말처럼 상황을 긍정적으로 받아들여야 한다. 방향을 올바르게 설정했다면 다른 사람 속도를 의식하지 말고 내 속도대로 경주해야 한다. 나만 뒤처져 있다고 조급해하며 자신을 몰아붙이지 말라. 나만 떨고 있다는 착각은 금물이다. 내가 떨고 있는 만큼 상대도 떨고 있음을 명심하라.

04
겨자씨만한 불안이 온몸을 갉아먹는다

"자네가 이번 공채 신입사원인가?"

D그룹 물류 계열사 사장이 신입직원 환영 회식 자리에서 술잔을 건넨다. 몸이 움츠러든다. '소극적인 술 응대에 내가 술 안 마시는 사람임을 느꼈을까?' 사장 목소리 톤이 가라앉았다.

"교회 다니나? 술을 안 마시는 모양이군."
"네, 크리스천이라 술을 안 합니다."

다음날 출근하니 부서 선배가 휴게실로 따로 불렀다. 전날 회식이 나를 위해 마련한 자리인데 사장 술을 안 마시면 어떡하냐는 불만이었다. 20대 사회생활 초년생으로 혈기왕성하던 때였다.

"술을 안 마실 수도 있는 거 아닌가요?"
"너 때문에 팀장 체면 상하고 회식 분위기 안 좋아졌잖아."

그날 이후로 직원들이 나를 보는 눈빛이 딱딱하게 변했다. 업무를 물어봐도 건성으로 대답했다. 당시 나는 해외 물류 홍콩 부문 담당이었는데, 사무실 전화, 휴대전화, 팩스, 이메일, 메신저 등 사용 가능한 모든 소통 수단을 활용해 업무를 처리해야 했다. 이리저리 뛰어다니느라 발바닥에 땀이 났다. 나보다 몇 개월 전에 입사한 여직원이 내가 입사한 후 석 달 만에 그만두었다. 아직 업무가 미숙해 혼란스러운 내게 퇴사 직원 업무가 가중되었다. 팀장은 직원 채용하면 업무를 덜어준다며 조금만 참으라고 말했다. 새로운 직원이 입사했다. 하지만 내 업무는 줄어들지 않았다.

회사에서 일하는데 왼쪽에서 코피가 났다. 놀라 화장실로 뛰어갔다. 다음날 오른쪽에서 코피가 흘렀다. 울려대는 전화 소리, 끊임없는 메신저 메시지, 쌓여가는 이메일, 계속되는 상사 지시에 하루하루가 전쟁이었다. 언제부턴가 회사 화장실 바닥에 신문지를 깔고 눈을 붙이는 자신을 발견했다. 그렇게라도 해야 잠시나마 쉴 수 있었다.

물류회사인 만큼 회식 자리가 많았다. 술을 못 마시지만 신입직원이라 빠질 수 없었다. 어느 날은 새벽 2시까지 회식이 이어졌다. 한산한 서울 한복판 도로에서 겨우 택시를 타고 흑석동 대학 근처 고시원으로 향했다. 피곤함에 제대로 씻지도 못한 채 눈을 붙이면 어느덧 아침이다. 6시에 기상해서 샤워하고 마을버스를 탔다. 지하철로 갈아타고 8시까지 출근했다. 그 생활을 오래 버티지 못하고 6개월을 다니다 사직서를 냈다. 직장생활에 대한 자신감이 바닥으로 떨어졌다.

고시원 짐을 정리한 후 고향 집으로 돌아왔다. 아버지가 지병으로 일찍 세상을 떠나 시골집에 어머니가 홀로 지냈다. 마당에서 나물을 다듬던 어머니 시선이 집에 들어오지 못하고 대문 앞에 서 있는 내게 향했다. 어깨가 축 늘어져 앞을 바라보지 못하는 내 모습을 보고 분위기를 알아챘다. 어머니는 큰 숨을 내쉬었다.

몇 달간 고향 집에서 마음을 가다듬었다. 재취업을 위해 교회 기도실에서 40일 작정 기도를 시작했다. 원하는 직장에 대해 10가지를 구체적으로 정해 저녁마다 기도했다. 작정 기도를 마치기 일주일 전, "양병태 씨, 축하합니다. 다음 주부터 출근하세요."라는 현 직장의 인사부장 전화를 받았다.

몸과 마음이 깃털처럼 가벼워졌다. 나를 짓누르던 삶의 무거움이 눈 녹듯 사라졌다. 어머니를 찾아서 온 동네를 뛰어다녔다. 기쁜 소식을 빨리 전해드리고 싶었다. 이웃집에서 대화 나누는 어머니를 발견해 함께 집으로 돌아왔다. 마당에 들어서자마자 다시 취직한 소식을 전했다. 어머니는 그제야 울먹이면서 속마음을 드러냈다. "막내아들이 시골에서 자라 서울에서 대학 공부하고 직장에 다녀서 엄마가 얼마나 든든했는지 아니? 그런 아들이 직장 그만두고 내려왔을 때 하늘이 무너지는 줄 알았다." 어머니를 가만히 안아드렸다. 눈가에 이슬이 맺혔다.

직장생활에 자신감을 잃고 술 문화에 적응 못 했던 나. 다시 출근하는 기쁨도 잠시였다. 온몸에 불안감이 엄습했다. '이번에는 잘 다닐 수 있을까. 회식 자리에서 술을 권하면 어떻게 대응하지?' 술로 힘들었던 기억이 나를 옭아매었다.

마침내 새로운 직장에 출근했다. 출근 첫날 저녁에 바로 회식이다. 입사를 축하하기 위한 자리이다. 예상대로 술잔이 돈다. 머리가 하애진다. 드디어 내 차례다. C 부장이 술잔을 건넨다. "제가 술을 못 마십니다."라며 술을 안 마시는 이유를 돌려댔다. 전 직장에서 사장 앞에서 크리스천이라고 밝히며 술을 거부한 당당함은 온데간데없었다. 술기운이 올라 화기애애하던 회식 분위기가 싸늘해졌다. 선배들이 한마디씩 한다.

"야, 술은 마시면 늘어. 너 혹시 교회 다니냐?"
"다른 직원은 교회 다녀도 잘만 마시더구먼. 성경 어디에 술 마시지 말라고 쓰여 있냐."

안 마시고 버텼다. 술이 한 잔 두 잔 석 잔 내 자리로 모여들었다. C 부장이 한바탕 웃으면서 호기 있게 말한다. "요즘이 어떤 세상인데 술을 강요해. 안 마셔도 괜찮아. 내가 다 마실게." C 부장은 내 앞에 놓인 술을 한 잔 두 잔 모두 마셨다. 내 직장생활은 그때부터 미궁 속으로 빠졌다.

2018년 11월 27일 『한국일보』에서 '우리 시대의 마이너리티' 특집 기획으로 비(非)음주자를 다룬 기사를 보았다. 술 문제로 고충을 겪은 여러 사례가 소개됐다. 술을 마시면 식도가 부어 탁자 밑 컵에 술을 버리는 사람, 신념이나 종교 이유로 술을 마시지 않아 회식 때마다 핀잔 들으며 소외되는 사람, 금주하라는 아버지 유언으로 술자리를 아예 피하는 사람 등 사연이 다양했다.
회식 자리에서 술을 못 마신다고 빼면 사회성이 떨어지는 사람 취급당하며 핀잔을 듣는다. 그렇다고 술자리를 피하면 '괘씸죄'에 걸려 직장생활이 꼬이게 된다. 반면 술을 잘 마시며 상사 기분을 맞춰주는 사람은 업무에 실수가 있어도 상사가 적당히 눈감아 주는 게 현실이다.

항상 직장 회식 전날이 되면 '내일은 무사히 넘어가야 할 텐데'라는 생각에 마음이 두방망이질했다. 회식 때마다 술을 억지로 권하는 선배, 무시하며 빈정거리는 상사 때문에 술자리에서 나는 한없이 작아졌다. 이번에는 내게 꼭 술을 먹이겠다고 '내기'하는 선배도 있었다. 눈앞 진수성찬이 음식으로 보이지 않았다. 그저 빨리 자리를 뜨고 싶었다.

특히 술을 좋아하는 기관장이 회식을 주도하는 자리가 힘들었다. 기관장은 폭탄주로 파도타기를 즐겼다. 한 명 두 명을 지나 넘실대는 파도가 내게로 다가온다. 심장이 멎을 것 같다. 속으로 "피할 길을 주세요."라며 기도했다. H 부장이 갑자기 거들어줬다. "이 직원은 술 못 마십니다. 술 마시면 죽습니다." 무사통과다. 도와준 H 부장이 한없이 고맙다.

2002년에 사회 첫발을 내디뎌 현재까지 17년째 직장생활을 이어오고 있다. 그간 겪은 술로 인한 고충은 책 한 권으로 모자란다. 이제 내성이 생겨 술자리에서 웬만한 빈정거림에도 잘 견딘다. '술 안 먹는 사람'으로 인정되어 내게 술을 강요하는 사람이 이제는 없다.

겨자씨는 눈에 보이지 않을 정도로 작다. 하지만 성장하면 키가 5미터까지 커지는 특징이 있다. 작은 근심, 불안도 내버려 두면 온몸을 갉아먹을 정도로 커진다. 마치 눈덩이 하나가 점점 부풀어 눈사태를 일으키고 온 산을 덮어 버리듯.

지금 나를 불안하게 만드는 요인은 무엇인가. 술 문제로 불편한 회식 자리 같은 '상황'인가, 함께 하기 괴로운 '사람'인가. 내가 느끼는 불안을 응시하고 살펴보라. 과연 상황이나 사람 같은 외부 요인이 나를 불안에 떨게 하는지, 아니면 자신의 어린 시절 상처와 같은 내면 문제가 연관되어 있는지를. 불안이 없는 세상은 존재하지 않는다. 다만 원인을 찾으면 해결이 쉽듯, 불안의 실체가 드러나면 불안은 내가 소화할 수 있을 정도로 작아진다. 겨자씨처럼 눈에 보이지 않을 정도로.

05
저는 지금 공사 중이거든요

30대 초반에 '아버지 학교'를 수료했다. 아버지 학교는 '아버지가 살아야 가정이 산다.'라는 구호로 올바른 아버지상을 추구하고 실추된 아버지 권위를 회복시킬 목적으로 세워진 교육 프로그램이다. 아버지 학교 가는 게 꿈인 지인 선배가 상의 없이 나까지 아버지 학교에 등록했다. 자녀가 없어 아버지 학교 가는 것을 주저하는 내게 선배는 "지금 자녀가 없지만 미리 아버지 될 준비를 한다고 생각해."라며 응원했다.

5주 과정이었다. 한 주 두 주 지나면서 마음이 열렸다. 돌아가신 아버지가 생각났다. 아버지에게 닫혀 있던 마음 빗장이 조금씩 열렸다. 아버지가 보고 싶어졌다. 참석할 때마다 복받치는 감정에 남몰래 눈물 훔치느라 애먹었다.

20대부터 60대 아버지까지 참가자 나이가 다양했다. 앞에서 발표할 때 대부분 참가자는 말을 제대로 잇지 못하고 눈물을 보였다. 자식을 엄하게만 대하고 품지 못해 지금은 아들하고 말한 지 오래됐다는 아버지, 돈 버는 데만 신경 써 자녀와 같이 보낸 시간이 없어 후회된다는 아버지, 그동안 헛살았음을 깨닫고 지금부터라도 가족과 의미 있게 살겠노라고 다짐하는 아버지. 문득 생각이 스쳐

간다. '나는 어떤 아버지가 될까?'

"여보, 나 임신했어요."

어느덧 5주가 지나 마지막 날에 아내가 기쁜 소식을 전한다. 선배 말처럼 아버지 학교 참가는 내가 아버지가 되는 준비 과정이었다.

2009년 2월. 내 삶에 '의미'를 더해줄 아기가 태어났다. 살면서 가장 기쁜 순간이었다. 하루하루가 감사했다. 아들 이름을 '태은'이라 지었다. 클 태(太), 은혜 은(恩). 아들이 큰 은혜를 누리며 살기 바라는 마음을 담았다. 태은이가 태어난 지 몇 달 후 아들 사진을 일기에 붙이고 나의 바람을 적었다.

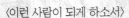

태은이를 향한 아빠 마음(2009. 8. 21.)

〈이런 사람이 되게 하소서〉
- 밝은 웃음을 가진 건강한 사람
- 긍정적이고 적극적인 태도의 사람
- 자기주장을 고집하기보다 다른 사람들과 하나 되기 위해 노력하는 사람
- 운동을 좋아하고 아빠와 공놀이하며 진솔한 대화를 나누는 아들
- 학교 성적 때문에 고민하기보다 개선점을 찾아 성실히 노력하는 사람

태은이가 두 살이 되었다. 육아가 생각보다 쉽지 않았다. 태어났을 때 감격은 사라지고 얼굴이 찌푸려진 날이 늘어갔다. 밤에 잘 안 자고 식사 때마다 안 먹는다고 떼쓰는 걸 참기 어려웠다. 순간

순간 '욱'하고 올라왔다.

둘째가 태어났다. 소망하던 딸이었다. 이름을 '태희'라 지었다. 클 태(太), 기쁠 희(喜). 큰 기쁨을 누리고 다른 사람에게 큰 기쁨이 되기를 바랐다. 3살 터울로 자녀가 자랐다. 눈에 넣어도 아프지 않을 것 같은 딸은 밤에 잠을 안 잤다. 우리 부부는 점점 예민해졌다. '애 하나일 때는 일도 아니었구나.'라는 생각이 들었다. 아이 둘이 싸우고 소란 피우고 집이 난장판이다. 차분하고 품격 있는 생활이 사라진 지 오래다. 패밀리 레스토랑 가서 아내와 분위기 잡고 싶은 마음은 꿈에서나 가능하다. 퇴근하고 집에 오면 혼이 빠진다. 내 목소리가 커져만 간다.

어느덧 아들은 초등학교 4학년, 딸은 1학년이 되었다. 거실에서 아들과 아내가 나누는 대화를 안방에서 들었다. 아들이 엄마에게 말하는 투가 예사롭지 않다. 몇 번 참다가 방문을 열고 나간다. 처음에 타이르다가 점차 목소리가 커진다. 한바탕 폭풍이 몰아친다. 화를 내다보면 화가 더 치밀어 오른다. 이렇게 반복되는 일상에 자괴감이 밀려든다.

2018년 9월 14일 『한국일보』에서 "기다림을 받아들이는 삶"이라는 제목의 기사가 눈길을 끌었다. 기고자인 목가구 공방 대표 김윤관은 "기다림을 수용하고 인정하는 마음이 눈길과 손길을 머물게 하는 가구를 만든다."라고 말한다. '기다림'. 내게는 기다림이 부족하다. 자녀가 스스로 할 때까지 충분히 기다려줘야 한다. 조급증이 발동돼 자녀가 알아서 행동하기 전에 "이거 해라, 저거 해라."라고 먼저 말해 버린다.

'나는 부모에게 어떤 아들이었나?' 회상해 본다. 공부는 스스로 했지만 태도는 엉망이었다. 동네에서 소문난 말썽꾸러기였다. 어머니 속을 어지간히 썩였다. 어머니는 내 유치원 행사 참석을 꺼렸다. 사람들 앞에서 말 안 듣고 떼썼기 때문이다. 태은이는 나보다 열 배 착하다. 아니 스무 배 착한 아들이다. 아빠를 끔찍이 생각한다.

어느 날 밤이었다. 전날 먹은 냉면이 잘못됐는지 복통이 시작됐다. 토하고 눕기를 반복했다. '차라리 죽는 게 낫겠다.' 싶을 정도로 고통스러웠다. 내 신음에 아들이 잠에서 깼다. 화장실 앞에 쓰러져 있는 나를 보고 놀라 달려왔다. "아빠 왜 그래요?", "아빠를 한 번만 살려주세요. 이제부터 엄마, 아빠 말 잘 들을게요."라며 울며 기도하기 시작했다.

밤새 잠 못 자고 날이 밝자마자 병원을 찾았다. 걷기 힘들 정도로 통증이 심했다. 아들 기도 때문이었을까. 주사를 맞고 약 먹으니 언제 그랬냐는 듯 말끔해졌다. 자상하고 정이 많은 아들.

"태은아, 고맙다. 그리고 아빠가 많이 미안해."

가족여행은 집에서 못다 한 얘기를 나누고 삶을 정리하는 중요한 이벤트다. 어느 해 가을, 가족과 1박 2일 서울 나들이를 떠났다. 숙소는 광화문에 있는 호텔이었다. 바람이 불고 차가운 날씨였지만 자녀에게 TV에 자주 잡히는 광장을 보여주고 싶었다. 이순신 장군, 세종대왕, 광화문 현판 앞에서 기념사진을 남겼다. 근처 교보문고에 들렀다. 아이들이 소리친다. "와, 이렇게 큰 서점은 처음이에요." 책을 읽고 구경하며 시간 가는 줄 몰랐다.

숙소로 돌아와 잠자리에 누웠다. 아들이 입을 연다. "아빠, 로비에 내려가서 대화 좀 하면 안 돼요?" 피곤해서 자고 싶었지만 왠지 내려가야 할 것 같았다. 로비 소파에 나란히 앉았다. "저에게 궁금한 거 있으면 다 물어보세요. 뭐든지 얘기할게요." 학교생활, 친구 관계, 고민 등 평소 궁금한 사항을 하나씩 조심스럽게 물었다. 여행 와서 마음이 열린 모양이다. 평소 알지 못한 고민까지도 다 털어놓는다. 부자의 대화는 그렇게 자정까지 이어졌다. 방으로 돌아와 아들과 침대에 누웠다. 스르르 눈이 감긴다. 나지막이 아들 목소리가 들려온다. "아빠, 고마워요. 8층 로비 데리고 가줘서요. 마음이 싹 풀렸어요." 순간 가슴이 뭉클해졌다. 태은이 오른손을 살포시 잡았다. 아들은 조용히 잠이 들었다.

좋은 아빠가 되려고 '아버지 학교'에 다녀왔다. 아빠 될 준비를 마쳤다고 생각했는데 아니었다. 아버지 학교 수료는 집을 짓기 위해 벽돌 한 장 쌓은 것에 불과했다. 막상 자녀가 태어나 자녀 성장 과정을 겪다 보니 어른들이 말하듯 '자식 농사'가 가장 어려움을 깨달았다. 처음에는 애들 잘못만 탓했다. 여러 번 말해도 안 듣는 자녀를 심하게 꾸짖었다. 아이를 혼내고 맘 편히 자는 부모는 없다. 자책감에 괴로운 마음을 끌어안고 신음했다. 문득 '나에게 문제가 있는 건 아닌가?'라는 마음 소리가 들려왔다.

정신분석가 에리히 프롬은 『사랑의 기술』에서 "사랑의 능동적 속성에는 보호, 책임, 존경, 지식이 따른다."라고 말했다. '존경'은 사랑하는 대상의 있는 그대로를 보며 개성을 존중해주는 것이다. '지식'은 사랑하는 사람의 더 깊은 내면을 알려고 하는 것, 다시 말해 그의 처지에서 생각하는 것을 의미한다. 나는 자녀에 대한 '보호'와 '책임'은 있지만 '존경'과 '지식'이 부족했다. 네 가지 사랑 속성 중 두 가지가 부족한 나의 불균형적 사랑 표현은 자녀에게 상처를 주었다.

나에게 문제가 있음을 직시했다. '네 덕 내 탓'이라는 말을 깨달 았기에 희망이 보인다. 다시 시작하면 된다. 자녀의 태도, 학습에 대한 부모의 기준을 내려놓아라. 무릎을 약간 구부려 자녀와 눈 높이를 맞추어 보라. 나는 지금 공사 중이다. 자녀가 편히 기대 쉴 수 있는 나무 같은 아빠가 되려고 오늘도 벽돌 한 장을 쌓아 올린다.

06
시련과 열매 모두 내 안에 있다

"여보, 저 유산했어요."

직장에서 문서작업을 하던 중 아내에게 문자를 받았다. 키보드에서 손을 내렸다. 몸이 얼음이 됐다. 돌덩이가 누르듯 심장이 내려앉았다. 심정을 표현할 길이 없었다. 힘들어할 아내 생각에 빨리 마음을 수습했다. 결혼 후 몇 년 동안 애가 들어서지 않아 아내 마음고생이 심했다. 우리보다 결혼을 늦게 한 지인들 임신 소식이 들릴 때마다 아내는 예민해졌다.

몇 주 전 임신 소식에 너무 기쁜 나머지 양가 어른에게 알렸다. 교회 청년 모임에서 축하를 받았다. 우리 부부 임신 소식을 들은 목사님이 수백 명 넘는 사람들 앞에서 소감을 묻고 함께 기뻐해 주었다.

경험이 부족했다. 태아가 안정될 때까지 주변에 알리지 말았어야 했다. 어떻게 수습해야 할지 몰랐다. 숨길 수는 없었다. 양가 어른과 주변에 조심스럽게 유산 소식을 알렸다. 유산도 출산처럼 산후조리에 신경 써야 한다는 사실을 몰랐다. 아픈 아내 마음을 달래주러 바람을 쐬러 다녀온 것이다. 그 후 아내는 몸이 몹시 아팠다.

6개월 동안 한의원에 다니며 한약 먹고 침을 맞았다. 아내를 도와주기는커녕 오히려 고생을 시킨 내가 싫었다.

산부인과 아기 소망센터를 다녔다. 아내와 내 몸 상태를 진단했다. 아내 몸에서 호르몬 이상이 발견됐다. 면역력이 너무 높아 임신하면 태아를 세균으로 잘못 인식해 공격한다는 의사 설명을 들었다. 면역억제 주사를 맞았다. 한 번 맞을 때마다 몇십만 원이 드는 주사를 10번 정도 맞아야 한다고 했다. 원인을 알고 약을 먹으며 다시 임신을 준비했다.

드디어 결혼한 지 3년째 되는 해에 다시 임신 소식을 들었다. 혼자 친구 모임에 참석해 축하를 받았다. 모임이 끝나고 오는 길이었다. 대로변 교차로에서 좌회전하는데 건너편 차가 신호를 잘못 보고 직진을 해서 사고가 났다. 운전석 차 문이 찌그러져 열리지 않을 정도로 큰 사고였다. 병원 응급차, 견인차, 보험차로 북새통이었다. 사고로 놀란 것보다 임신 중인 아내가 알면 태아에 안 좋은 영향을 줄까 걱정되었다. 아내에게 전화를 걸어 모임이 늦게 끝날 것 같다고 말했다.

병원 응급실에 가서 몸 상태를 점검했다. 응급치료를 받고 귀가했다. 목이 움직이지 않았다. 아무래도 입원을 해야 했다. 장모님이 와서 아내를 돌봐 준 덕분에 일주일을 입원하며 몸을 회복했다. 내가 퇴원하는 날에 아내가 하혈하며 유산 증세를 보였다. 아내를 급히 입원시켰다. 직장 퇴근 후 집안일을 하고 병원을 오가며 아내 간호에 힘썼다. 유산할까 봐 조마조마했다. 입술이 부르트고 잠이 부족했지만 아내가 안정을 찾아 기뻤다. 결혼 4년째 되는 해에 아들을 얻었다. 온 세상 다 가진 것처럼 가슴 벅찼다.

아기가 두 살이 되었다. 아내와 둘째에 대해 진지하게 상의했다.

임신 과정도 어렵고 임신 후 거의 움직이지 못하는 불편함이 떠올라 아내는 섣불리 말을 못 했다. 오랜 고민 끝에 둘째를 갖기로 했다. 노력해서 임신이 되었다. 하지만 10주 정도 됐을 때 다시 유산의 아픔을 겪었다. 상심한 아내를 바라보기 괴로웠다. 대화가 많은 부부였지만 말수가 눈에 띄게 줄어들었다. 둘째는 포기하고픈 마음이 들었다.

어느 날 가족이 놀이터에 놀러 갔다. 아들이 모래 놀이를 하는데 남매 아이가 아들을 밀쳐내며 구박하는 모습을 보았다. '안 되겠다. 아이 혼자는 외롭겠다. 서로 의지할 형제가 이래서 필요하구나.' 아들을 데리고 집으로 돌아오면서 혼잣말하며 속상한 맘을 달랬다.

아내가 병원 검진을 받았다. 기쁜 소식을 들었다. 몸 호르몬이 개선되어 억제 주사를 맞지 않아도 되니 이 시기에 임신하도록 노력하라고 했다. 감사하게도 그 소식을 들은 지 얼마 안 돼 임신이 되었다. 둘째가 태어났다. 그토록 소망하던 딸이었다.

20평 주상복합에서 전세로 5년간 신혼생활을 보냈다. 전세 기간이 1년 반이 남았는데 집주인이 찾아왔다. 전세금을 5백만 원 올려주거나 사는 집에서 나가라고 한다. 세상 물정 잘 모르는 젊은 부부지만 전세 계약 기간이 남았는데 아무리 집주인이라도 일방적으로 세입자를 몰아내는 건 말이 안 되었다. 집주인 얼굴을 한참 동안 쳐다봤다. 집주인은 집이 열 채가 넘는 복부인이었다. 하지만 과도한 주택매입 투자가 잘못돼 하루아침에 몰락했다. 매일 마사지를 받아 60이 넘은 나이에도 팽팽한 얼굴을 자랑하던 집주인이 식당에서 설거지하며 생계를 유지했다.

한겨울이었다. 한파로 추운 날씨에 집주인이 일하는 식당에 찾아갔다. "아기 돌이 곧 다가오는데 엄동설한에 갑자기 나가라는 게 어디 있어요."라며 사정했다. 말이 안 통했다. 이후 매일 집주인 독촉 전화에 시달렸다. '이래서 사람들이 집을 사는구나.' 보수적인 경제관념을 가진 나는 집은 저축해서 사는 줄만 알았다. 발상이 전환되어 대출에 눈을 떴다. 싼 가격에 맞춰 주상복합을 사지 말고 무리해서라도 아파트를 매입하라는 조언을 들었다. 대출금액을 최소화하기 위해 20평대 아파트를 사기로 결심했다.

부동산 사무실을 통해 20평대 아파트 몇 집을 둘러봤다. 마음에 차지 않았다. 부동산 사무실 직원이 "옆 단지에 30평대 매물이 있는데 한번 보실래요?"라고 말을 꺼냈다. 나쁠 건 없어 아내와 가벼운 마음으로 방문했는데 마음에 쏙 들었다. 20평대 아파트만 고집하던 생각에 변화가 생겼다. 나중에 둘째가 생기면 아이들 짐이 많아져 30평대로 옮겨야 하니 처음부터 30평대 아파트를 사는 게 낫다는 판단이 섰다. 계획과 다르게 생각지 못한 집을 계약했다. 살고 있던 집주인에게 전화했다. "다음 달까지 집 비울 테니 나가라는 독촉 전화 그만하세요."

계약한 아파트는 급매물이었다. 사정이 급한 집주인이 두 번 가격을 떨어뜨렸다. 시세보다 가격이 크게 하락한 아파트를 산 셈이었다. 놀랍게도 아파트 매매 계약서에 서명한 다음 날부터 아파트 가격이 오르기 시작했다. 조금만 늦게 결정했어도 대출 규모가 부담돼 사지 못 할 뻔했다. 주변 사람들이 어떻게 때에 맞게 집을 샀냐고 물었다. 자신들은 수년 동안 아파트를 분석하고 집 둘러보며 발품만 팔다가 때를 놓쳤다는 것이다. 우리 부부는 재테크에 대해 모른다. 거친 파도와 같은 집주인 등쌀에 시달리다 어쩔 도리 없어 집을 샀을 뿐이다.

어느덧 내 집을 마련해 이사한 지 9년째이다. 집 주변을 공원, 도서관, 냇가, 수목원이 병풍처럼 둘렀다. 초등학교가 아파트 단지 내에 있어 자녀 학교 보내기에 안심된다. 새 둥지에서 보내는 하루하루가 감사하다. 아내가 고백한다.

> "결혼 전에는 한 번도 어려움을 겪어보지 않았어요. 2세를 얻는 과정이 처음 경험한 시련이에요. 그 시련이 지금은 감사해요. 결혼하고 바로 애가 생기고 무사히 출산했다면 아이 소중한 줄 모르고 함부로 대했을 거예요. 어렵게 얻은 생명이기에 자녀가 더 소중하고 귀하게 느껴져요."

건강하고 밝은 아들과 딸, 아늑한 내 집. 겉으로 보기에는 아픔 없이 얻은 것 같지만 시련을 견디고 맺은 열매이다. 대추 한 알이 붉게 익어지기 위해서는 태풍, 벼락, 땡볕을 견뎌내야 한다. 대추나무에 매달린 대추가 저절로 붉어지고 영글지는 않는다.

시련 없는 삶은 없다. 시련에 어떻게 반응하느냐가 중요하다. 2세를 어렵게 얻은 사람은 생명의 소중함, 자녀 귀함에 대한 깊이가 남다르다. 내 집 마련 과정이 울퉁불퉁 비포장도로를 운전한 것 같은 사람은 크든 작든 내 집에 대한 감사가 크다. '신혼 때 집 주인이 나가라고 협박 전화하지 않았다면 내 집 마련 시기가 당겨질 수 있었을까?' 저축하는 돈보다 집값 상승세가 커서 아파트 장만은 꿈에도 쳐다보지 못했을 게다. 어둠의 터널을 지날 때는 고통스러워 밤잠을 못 이뤘다. 터널을 통과하니 빛이 보였다. 시련이 달콤한 열매가 되었다.

07
유머와 칭찬은 두려움을 날려 보낸다

딸아이 초등학교 입학식 날이었다. 유치원을 졸업하고 학교에 첫발을 뗀다니 실감이 안 났다. '학교생활을 잘할 수 있을까?' 괜스레 걱정되고 불안했다. 딸과 손잡고 아파트 단지를 지나 학교 교문에 들어섰다. 반 배정표를 확인하고 교실을 찾아갔다. 딸이 책상에 앉았다. 책가방과 신발주머니 둘 곳을 못 찾아 두리번거렸다. 딸의 표정이 굳자 내 마음도 덩달아 굳었다. 담임선생님 인사말과 설명을 듣고 입학식에 참석하러 강당으로 이동했다. 두 줄로 서서 선생님을 따라가는 딸을 조용히 바라보며 뒤따라갔다. 키다리 아저씨처럼.

입학식이 시작되었다. 교장 선생님이 강단 앞에 섰다. 연설에 앞서 편안히 미소 지으며 한 마디 던졌다. "입학한 아이들보다 학부모님들이 더 긴장돼 보이십니다." 내가 입학식 하는 것도 아닌데 떨리고 긴장됐다. 400명이 넘는 학부모들도 긴장된 표정이 역력했다. 교장 선생님의 기습 유머로 좌중에 한바탕 웃음 파도가 쳤다. 분위기가 한결 편안해졌다.

M. 토케이어는 『영원히 살 것처럼 배우고 내일 죽을 것처럼 살아라』에서 "유머는 긴장되고 어색한 자리를 밝게 만들고, 사람 마음

을 편하게 만들어 준다."라고 말한다.

매년 교육기관에서 며칠간 교육받을 기회가 생긴다. 직장에서 업무능력 향상을 위해 직원에게 투자하는 교육이다. 다양한 직장에서 온 직원들이 한자리에 모인다. 사람들은 조별로 배치된 자리에 앉는다. 어색해서 서로 눈도 못 마주치고 휴대폰만 쳐다본다. 그때 누군가 먼저 인사하고 가벼운 유머를 날리면 분위기가 반전된다. 그 역할을 주로 내가 해서 교육받으러 가면 매번 조장이 되었다. 어느 모임에 가든 즐겁고 여유 있는 모습으로 사람들을 대하려 노력한다. 일부러라도 많이 웃는다. 그러다 보니 웃음이, 유머가 생활에 습관처럼 자리 잡았다.

긴장되고 딱딱한 모임, 어색한 자리일수록 유머는 빛이 난다. 함께 웃으면서 서로를 향한 마음 문이 열린다. 영어권 사람들이 부러울 때가 있다. 언어 특성 때문일까. 그들은 평상시 유머가 체질화되어 있다. 나이를 떠나 격의 없이 유머를 나눈다. 부모와 자식 간에도 스스럼없다. 우리 사회 분위기는 어떤가. 나이 어린 사람이 어른에게 유머를 나눌 수 있을 정도로 여유가 있는가. 사소한 문제에 심각한 반응을 보이지는 않는가.

가정에서 부부간에 유머를 나눠보라. 자녀에게 재밌는 얘기를 들려주자. 유머는 딱딱해진 자녀 마음을 부드럽게 풀어주고 집안 분위기를 한층 편안하게 만들어 준다. 유머 감각이 발달한 아이는 언어능력이 뛰어나고 친구 관계에서도 자신감이 넘친다고 한다.

직장 비즈니스 모임 때 유머 한 마디로 시작해보라. 유머는 경직된 회의 분위기를 단번에 반전시키는 무기다. 상대방 기분을 상쾌하게 바꾸고 마음을 열어 원만한 합의점에 도달케 하는 디딤돌이다.

"오늘 진행 너무 잘했어."

직장 '독서토론회' 진행을 마치자마자 기관장이 박수하며 말한 첫 마디였다. 기관장이 새로 취임하면서 임직원에게 독서토론회를 제안했다. 전 직원이 같이 책을 읽고 생각을 나누며 성장하자는 취지였다. 진행자가 필요했다. 총무부 직원이 내게 토론회 진행을 요청했다. 되도록 직장에서 앞에 나서지 않는 나였다. 갑작스러웠지만 잠시 고민한 후 결심했다. '어차피 돌아가면서 진행을 맡을 텐데 매도 먼저 맞는 게 낫겠다.'

독서토론회 첫 책으로 일본 여성 작가인 무라타 사야카의 『편의점 인간』이 정해졌다. 책을 읽은 후 질문을 정리하며 토론회 진행 준비를 마쳤다. 토론회 전날 밤 '괜히 진행을 맡았나?'라는 부담감이 밀려왔다. 마음을 가라앉혔다. '이왕 하는 거 잘해보자.'라고 다짐했다. 다음날이 되었다. 토론회장에 한 시간 정도 미리 가서 음료수를 자리마다 가지런히 배치하고 배경음악을 틀어놨다. 참여하는 직원들 마음을 조금이라도 편하게 해주고 싶었다.

"어제 편의점에 간 사람 있나요?" 편안한 질문으로 토론회를 열었다. 한 마디 두 마디 진행자와 참가자가 대화를 주고받으며 경직된 분위기가 조금씩 풀렸다. 책 내용이 독특해서인지 한 직원이 이 책을 선정한 의도가 무엇이냐고 기관장에게 유머 있게 물었다. 첫 독서토론회인 만큼 기관장이 책을 선정했기 때문이다. 기관장은 아무 의도가 없다며 손사래를 쳤다. 한바탕 웃으며 분위기가 한층 부드러워졌다.

직장에서 오랜만에 나의 있는 그대로의 모습, 여유 있고 자신감 있는 모습을 드러냈다. 기관장의 칭찬 한마디가 움츠려 있던 나를 일으켜 세웠다. 토론회 후 직원들 반응이 괜찮았다. "무거운 마음으로 참여했는데 분위기가 편안해서 좋았어요. 적절한 유머로 진행이 여유로웠어요." 기관장과 직원들 칭찬으로 '추수 날 얼음냉수'를 마신 것처럼 마음이 상쾌해졌다.

직장에서 자신을 인정하고 칭찬하는 상사를 만나는 건 축복이다. 열 번 잘해도 한번 칭찬받기가 어려운 게 현실이다. 칭찬보다는 무시당하는 게 일상이다. 그동안 상사나 선배에게 칭찬을 받지 못했더라도 후배에게 칭찬을 표현해보라. 처음에는 어색할 수 있다. 가끔이라도 후배가 잘한 순간을 포착해서 칭찬을 건네보라. 나를 향해 활짝 웃는 후배 얼굴을 보게 될 것이다.

지금까지 살면서 비록 내게 쏟아지는 칭찬 폭포를 느껴보지 못했더라도 자녀에게는 시원하게 칭찬해주자. 사소해 보일지라도 자녀가 기뻐하는 일에 함께 공감해보라. 아빠가 퇴근하면 고개만 한 번 숙이고 자기 방으로 곧바로 향하는 자녀가 아닌, 아빠 옆에서 일과를 신나게 얘기하는 친구 같은 자녀가 생길 것이다.

"훌륭한 유머 감각은 인생이라는 밧줄 위에서 외줄 타기를 하는 당신의 균형을 잡아주는 균형봉이 된다."라는 말이 있다. 당신의 유머 감각은 어떤가. 당신은 다른 사람에게 호의적인 사람인가. 유머와 칭찬을 아끼지 말자. 가정에서 아빠가 웃으면 자녀가 웃는다. 직장에서 상사의 칭찬이 직원을 춤추게 한다. 인생 활력소인 유머와 칭찬은 전염성이 강하다. 긴장을 풀어주고 사람을 일으키는 유머와 칭찬 바이러스를 주변에 퍼트리자. 때에 맞는 유머와 칭찬으로 가정과 직장에 스며든 불안과 두려움을 저 멀리 날려 보내자.

08
희망으로 재기의 날갯짓을 하다

스무 살이 되었다. 마음에 안정이 찾아왔다. 십 대 시절 3년을 방황하며 홀로 지냈다. 자신감 넘치던 예전 모습을 되찾고 싶은 의욕이 봄 새싹처럼 솟아났다. '무엇을 먼저 해야 할까?'라는 생각이 들 때 검정고시가 눈에 들어왔다. 교육청에 문의하니 6월에 시험이 있었다. 시험과목을 알아봤다. 서점에 가서 책과 문제집을 산 후 독학으로 검정고시를 준비했다. 몇 년 만에 책을 가까이하니 눈에 들어오지 않았다. '할 수 있을까?'라는 걱정이 앞섰다. 하루 공부량을 정하고 매일 꾸준히 목표를 향해 나아갔다.

시험 전날 밤이었다. 두려움이 찾아왔다. 고등학교 때 시험을 회피해서 힘들었던 기억이 파노라마처럼 스쳐 지나갔다. 눈을 감고 잠을 자려 애썼다. 어떻게든 이겨내려고 몸부림쳤다. 악몽을 꾸었다. 아침에 일어나 보니 온몸이 땀에 젖어 있었다. 아침을 먹는데 어머니 눈길이 느껴졌다. 어머니는 내가 식사하는 모습을 말없이 바라보았다. 시험을 보기 위해 전주행 시내버스에 몸을 실었다. 골목길 모퉁이에 서서 버스 타고 가는 나를 바라보는 어머니와 눈이 마주쳤다. 버스가 모퉁이를 돌아 시야에서 사라질 때까지 어머니를 향한 시선을 뗄 수 없었다.

시험장에 들어섰다. 고등학교 과정 검정고시가 다른 사람에게는 별것 아닐지 모르지만 내게는 넘기 힘든 큰 산이었다. 고등학교 시절에 시험은 피하고 싶은 괴물로 변했기 때문이다. 시험이 시작되어 첫 시간을 무사히 마쳤다. 두 번째 시간이었다. 시험을 보고 있는데 뒤에서 누가 '툭툭' 쳤다. 깜짝 놀랐지만 뒤를 쳐다볼 수 없었다. 다시 '툭툭' 연필로 나를 찔렀다. 답을 알려달라는 신호였다. 시험에 대한 두려움에 맞서 자신과 혈투를 벌이고 있었다. 간신히 마음을 붙잡고 시험을 치르고 있던 나는 복병을 만났다.

시험 중에 부정이 발각되면 몇 년 동안 검정고시를 볼 자격을 잃는다는 얘기를 들었다. 꾹 참고 시험을 치러냈다. 시험을 마치고 나를 찌른 사람과 학교 밖에서 얘기를 나눴다. 교도소 다녀온 지 얼마 안 된 아저씨였다. 팔에 문신이 새겨져 있었다. 절박해서 그랬다고 미안하다고 했다. 나는 더 절박했다. 고등학교 시절 3년을 무력하게 보냈다. 우울증에 빠져 절망의 구렁텅이에 갇혀 있었다. 이 기회를 반드시 살려야 했다. 편의를 봐 드리지 못해 죄송하다는 말을 남기고 아저씨와 헤어졌다.

얼마 후 검정고시 합격통지서를 받았다. 아버지 표정이 '이제 됐다'라고 말하는 듯했다. 기쁜 마음을 주체할 수 없었다. 교회 저녁 예배 때 특별 노래로 감사를 표현했다. 노래하기 전에 회중과 마음을 나눴다. "제가 기쁜 일이 있습니다. 검정고시에 합격했어요."

다음 단계는 대입 수능시험이었다. 수능시험은 혼자 공부할 수 없어 입시학원을 알아봤다. 학원 선생님과 상담하며 내 상황을 충분히 설명했다. 상담 선생님은 한번 해보자며 긍정적인 반응을 보였다. 학원에 등록했다. 서서히 인생 기지개를 켜기 시작했다.

어느 날 밤이었다. 수업 내용을 알아들을 수 없어 답답함과 서러움이 밀려왔다. 자율학습시간에 학원 화장실로 향했다. 거울을 보았다. 뺨에 뜨거운 눈물 자국이 생겼다. 물리, 화학, 수학 등 대부분 과목을 포기했다. 대입시험까지 시간이 부족했다. 언어영역, 외국어 영역에 집중했다.

학원에서 모의고사가 있는 날이었다. 시험지를 보다가 멍해졌다. 책상에 엎드려 팔을 늘어뜨렸다. 잠시 후 말없이 학원을 빠져나왔다. 무단 외출이었다. 버스를 탔다. 목적지 없이 버스에 몸을 맡긴 채 여기저기 흘러 다녔다. 버스가 시외 시골길에 접어들었다. 벼가 누렇게 익어간다. 황금물결이 넘실댄다. '아, 가을이구나. 학원 밖은 이렇게 자유롭구나.'

다음날 학원에 가니 반 친구가 다가왔다. 모의고사 볼 때 뒷자리에 있던 여학생이었다.

"병태야, 너 잘못될까 봐 걱정했어."
"답답해서 바람 좀 쐬고 왔어. 고마워."

담임선생님을 찾아가 죄송하다고 말씀드렸다. 선생님은 아무 말씀 없이 어깨를 두드려 주었다. 선생님이 뭐라 하지 않고 품어준 덕분에 다시 대입 공부에 집중했다. 대입 수능시험 전날 밤이었다. 마지막으로 요약 공책을 살펴보고 있었다. 방문을 조용히 여는 소리가 들렸다. '아버지'였다. "내일 실력 발휘 한번 해봐라." 아버지 음성에서 떨림이 느껴졌다.

시험 당일 아침이었다. 잠을 설쳐 몸이 무거웠다. 아버지가 나보다 더 긴장돼 보였다. 새벽 버스를 타고 전주로 향했다. 시험 장소는 제과점을 운영하는 이모 집 앞에 있는 고등학교였다. 오전 시험을 마치고 점심을 먹기 위해 이모 집으로 향했다. 운동장 반쯤 걸어가는데 '절뚝절뚝' 누가 내 쪽으로 걸어왔다. 당뇨 합병증으로 걸음걸이가 불편한 아버지였다. 평소 무섭고 엄하기만 했던 아버지. 막내아들이 대입시험 본다고 시골에서 이모 집으로 올라왔다. 점심 먹으러 나오는 아들을 기다리지 못하고 불편한 몸을 이끌고 걸어오고 있었다. 발걸음이 멈춰졌다. "몸도 불편하신데 뭐 하게 오셨어요." 이모 집에서 점심을 먹는 내내 아버지는 숟가락을 들지 않았다. 내게 천천히 먹으라는 말만 하고는.

지금도 대입 수능시험 일이 다가오면 아버지가 떠오른다. 운동장을 절뚝거리며 걸어오는 아버지가 생각나 눈시울이 뜨거워진다. 내가 스물두 살 때 하늘로 떠난 아버지가 너무 보고 싶다. 이제 조금은 이해할 수 있을 것 같은 아버지가 그립다.

수능시험을 마치고 나오는데 하늘에서 하얀 눈이 살포시 내렸다. 학교 앞에 형이 나를 마중 나왔다. 형은 수고했다며 내 어깨를 툭 쳐주었다. 시내 레스토랑에 가서 형이 사준 저녁을 즐겼다. 점심때 아버지가 나를 살펴주고, 저녁때 형이 챙겨주고. 오랜만에 느껴보는 가족의 따뜻함에 '시험이 참 좋구나.'라는 생각이 들었다.

시험 결과가 나왔다. 만족스럽지 않았지만 점수에 맞춰 원하는 학과에 입학원서를 지원했다. 익산시 소재 대학이었다. 지원한 대학 합격자 발표일이었다. 고등학교 입학 당시 독서실 옆자리 짝꿍이었던 친구와 연락이 닿았다. 친구는 서울대 법대에 재학 중이었다. 역시 고등학교 수석 입학생다웠다. 익산에 합격 결과를 혼자 확인하러 가기 쑥스러웠는데 친구가 같이 가주기로 해서 마음이 든든했다.

지원한 대학교 인문대학 게시판 앞에 사람들이 몰려 있었다. 두 근거리는 가슴을 붙잡고 게시판 위에서부터 하나씩 이름을 살폈다. "영어영문학과 양병태" 내 이름 석 자가 대자보에 박혀 있었다. 나도 모르게 소리를 질렀다. "거봐 합격할 거라고 했잖아." 친구가 맞장구쳐주었다.

서울대 심리학과 교수인 곽금주는 2018년 9월 13일 『한국경제』 칼럼에서 "현재가 고통스럽다 하더라도 그 끝에 행복이 있다는 희망이 있을 때 현재의 고통은 이겨내기 쉬워진다."라고 말했다.

희망을 품은 사람과 절망에 갇힌 사람의 인생 여정은 천지 차이다. 지금 상황이 어두울지라도 좋아질 거라는 긍정적인 기대가 현재를 능동적으로 이끌고 미래를 밝혀 준다.

"가을은 곡식과 열매를 거두는 계절"이라고 말한다. 나에게 가을은 내 인생 논밭에 씨앗을 뿌리는 시기였다. 더 이상 혼자이고 싶지 않아 공동체에 소속되기 위해 땀 흘리며 농부의 마음으로 씨앗을 뿌린 나날이었다. 희망으로 재기의 날개를 펼친 아름다운 계절이었다.

생각 나눔터

질문은 더 좋은 미래를 여는 열쇠입니다. 자신과의 솔직한 대화는 내면을 단단하게 다지고 자존감을 높여줍니다.

1. 지나치게 기분을 살피는 대상은 누구인가? 그 사람 기분을 살피는 이유는 무엇인가?

2. 직면 못 하고 피해 깊은 수렁과 같은 어려움에 빠진 경험이 있는가?

3. 긴장해서 중요한 일을 망치거나, 긴장감을 잘 풀어내어 좋은 결과를 거둔 일이 있는가?

4. 밤잠 못 이룰 정도로 불안에 사로잡혀 본 적이 있는가? 불안의 실체는 무엇이었나?

5. 개선해야 할 태도와 언행처럼 '공사 중'인 나의 모습은 무엇인가?

6. 과거 아픈 시련이 현재 달콤한 열매로 맺혀진 것은 무엇인가?

7. 나는 유머를 즐기고 칭찬할 줄 아는 사람인가? 매사에 냉소적인 사람인가?

8. 넘어졌다가 오뚝이처럼 다시 일어선 '날갯짓'을 해본 경험이 있는가?

2장

방황은 도전을 준비하는
최고의 시기이다

01
어머니의 한마디
"너는 꽃으로 보면 피지도 않았다"

사람을 피해 말없이 지냈다. 하루에 한마디도 꺼내지 않은 날이 늘어갔다. 학교 그만두고 집에서 지내기가 괴로웠다. 아들을 살리려고 어머니는 정신을 가다듬었다. 새벽마다 나를 위해 기도했다. 체구는 작지만 어머니는 위기에 강한 사람이었다. 어려운 상황을 받아들이고 대범하게 헤쳐나갔다.

어머니는 지금 5남매를 낳기 전 아기를 세 명 더 출산했다. 자식을 여덟 명 낳았다. 아기 세 명은 출산한 지 얼마 안 돼 모두 죽었다. 그중 한 명은 의료사였다. 아기가 심하게 아파 보이자 어머니는 아기를 등에 업고 동네병원에 헐레벌떡 뛰어갔다. 의사가 아기에게 바늘을 찌르자마자 아기가 '바르르' 떨다 숨을 멈추었다. 의사 얼굴이 파래졌다.

경찰 조사가 시작됐다. 어머니는 의사 잘못이 없다고 진술했다. 의사는 눈물을 흘리며 어머니에게 고개를 숙였다. 할머니는 어머니에게 이렇게 말했다. "자네, 아기는 잃었지만 사람 마음을 얻었네." 여기까지가 친척 할머니에게 전해 들은 얘기다. 어머니는 속마음이 타들어 가도록 고통스러워도 '남 탓'보다는 '내 탓'을 하는 분이다.

가장 예민한 고등학교 시절에 인생 방황이 시작됐다. 터널 끝이 보이지 않았다. 명문대를 꿈꾸며 다른 지역으로 유학 갔던 나는 부모의 기대를 저버렸다. 어머니는 나 때문에 학교에 자주 오갔다. 버스를 타고 익산에 내려 학교가 보일 때면 어머니 심장이 쿵쾅거리는 듯 보였다. 어머니 오른손에는 박카스 상자가 든 검정 봉지가 들려있었다. 어머니는 선생님에게 죄인처럼 허리를 숙였다.

휴학할 때도 자퇴할 때도 어머니는 나와 함께 했다. 애써 괜찮은 척했지만 어머니는 힘들어 보였다. 그런 어머니를 보면 내 마음은 낭떠러지 아래로 하염없이 떨어졌다. '남들 다 가는 학교도 제대로 못 다니는 못난 자식'이라는 자책감에 고개를 떨구었다.

아버지 방을 지나가다가 아버지가 어머니에게 소리치는 말을 듣고 말았다. "병태는 이제 끝났어." 기대한 막내아들이 잘못돼 아버지가 속상하고 힘들어함을 알고 있었다. 그래서 술을 더 드신다는 것도. 하지만 술김에라도 아버지가 자식을 포기한다고 말하는 걸 듣는 순간에 죽고만 싶었다.

가출했다. 집을 나오기 전에 부엌에서 유리잔을 들고나왔다. 대문 앞에서 집 벽을 향해 있는 힘껏 던졌다. '쨍그랑'. 아버지 독설에 대한 분노 표출이었다. 가출해 부산으로 내려가 태종대에 들렀다. 절벽에서 떨어져 죽고 싶었지만 뒷걸음쳐졌다. 죽기 두려워 발길을 돌려 광안리 해수욕장을 둘러보았다. 젊은 사람들이 북적였다. 활기찬 사람들 모습이 부러웠다. 부산대학교 대학로를 걸었다. 우연히 만난 사람 집에서 하루를 묵고 다음 날 집으로 돌아왔다. 부모님이 아무 말 하지 않고 조용히 넘어갔다. 가출은 그렇게 짧게 끝났다.

어느 날이었다. 신혼인 둘째 누나에게 전화가 왔다. 서울서 사는 누나는 내게 "집에서 지내기 힘들면 당분간 올라와 지내는 게 어떠니?"라고 말했다. 방이 두 개인 작은 집이었다. 신혼인데 다 큰 남동생이 얹혀 지내는 게 염치없었지만 고향에서 사람 피해 숨어 지내기보다는 나을 것 같아 누나 말을 따랐다. 누나는 내게 활로를 열어주었다. 피할 길이고 도움의 손길이었다.

누나 집 근처에 한강이 있었다. 낮에도 밤에도 한강을 걸었다. 거리를 오가는 사람들이 나와는 다른 세상에 사는 것처럼 느껴졌다. 답답한 마음에 한강을 향해 소리 질러보았다. 서울 여기저기를 밤낮없이 발길 닿는 데로 흘러 다녔다. 목적지를 잃은 배처럼 바람 부는 데로 구름이 흘러가는 데로 떠내려갔다. 계속 누나 집에 머물 수는 없었다. 다시 고향 집으로 돌아왔다.

늦은 밤이었다. 집 마당으로 나가 땅바닥에 드러누웠다. 밤하늘을 멍하니 쳐다보았다. 내 인생이 앞으로 어떻게 흘러갈지 암담했다. 눈을 감고 한참을 누워있었다. 다급히 내 이름을 부르는 어머니 목소리가 들렸다. 어머니가 누워있는 나를 발견했다. 어머니 한마디가 가슴에 꽂혔다.

"꽃으로 보면 피지도 않았는데 왜 절망하느냐?"

어머니는 내 왼손을 한동안 말없이 잡아주었다. 팔을 붙잡고 등에 묻은 흙먼지를 털어주며 나를 일으켜 세웠다. 어머니 손을 붙잡고 집 안으로 들어갔다.

아버지 말 한마디로 인생이 바뀐 인물이 있다. 나이팅게일이다. 그녀는 누구나 아는 대로 백의의 천사다. 나이팅게일은 전쟁터에서 부상병이 상처보다 '질병' 때문에 더 죽어간다는 사실을 발견했다. 병사들의 영양 상태, 위생 상태, 질병 상태를 조사하고 도표와 차트를 사용해 분석한 결과였다. 수학 실력이 빛을 발했다. 나이팅 게일은 본래 수학을 싫어하는 학생이었다. 수학을 열심히 공부하라는 아버지에게 여자들이 배우지 않는 수학을 꼭 배워야 하냐고 반문했다. 아버지가 단호하게 한마디 던졌다. "여자로만 머물고 싶다면 배울 필요 없다." 그 한마디가 나이팅게일을 수학 공부에 파고들도록 바꾸었다. 나이팅게일이 전쟁터에서 수많은 병사를 살린 힘의 원천은 바로 아버지의 한마디이다.

어머니는 긍정의 아이콘이다. 한 번도 내게 부정적인 말을 하지 않았다. 긍정으로 나를 북돋아 주고 '할 수 있다!'라고 자신감을 불어 넣어 주었다. 초등학교, 중학교 시절에 학교를 마치고 돌아오면 어머니를 찾았다. 학교에서 있었던 속상한 일, 즐거운 일을 어머니에게 재잘재잘 전했다. 콩나물을 다듬으시든, 빨래를 개시는 중이든 어머니는 내 얘기를 잘 들어주었다. 밖에서 있던 일을 한참 동안 어머니에게 쏟아내면 마음이 풀렸다.

어머니는 기다림의 대가이다. 성질부리는 못된 나를 참아주었다. 아들 기질을 알기 때문이었다. 어머니도 화나거나 속상한 마음을 밖으로 퍼붓고 싶을 때가 한두 번이 아니었을 것이다. 어디로 튈지 모르는 럭비공 같은 아들이 엇나가 버릴까 봐 어머니는 참고 또 참았다. 시간이 조금 지나 어머니에게 조심스레 다가가 잘못했다고 사죄했다. 어머니는 아들이 스스로 잘못을 깨닫고 돌아오기를 기다려주었다. 집 나간 자식이 돌아오기만을 밤새 기다리는 심정으로.

이십 대, 삼십 대의 꽃보다 아름다운 청춘들이 갈 길을 찾지 못

해 방황한다. 취업난에 절망한다. 사회나 부모가 인내심을 가지고 기다려주지 않는다. 좌절하고 고민하는 청춘들을 향해 "아까운 시간 낭비 말고 뭐라도 해라."라며 압박한다.

사람들은 아무 일을 하지 않는 게 무의미하다고 말한다. 하지만 머물러 있음도 하나의 선택이다. '움츠린 개구리가 멀리 뛰듯' 수많은 기회를 바라보며 제대로 자기 길을 가기 위한 전략이다. 인생에서 잠시 머무르는 때는 도전을 준비하는 최고의 시기이다.

마흔이 넘은 지금 '꽃으로 보면 내가 얼마나 폈는지' 궁금해져 어머니에게 물었다. 어머니가 대답한다. "여전히 너는 꽃봉오리야. 꽃이 피려면 아직 멀었단다." 때에 맞는 격려가 죽어가는 한 사람을 살린다. 이 말을 외치며 다시금 힘을 내보자. 자신에게 용기를 불어넣어 주자.

"나는 꽃으로 보면 피지도 않았다."

02
잦은 논쟁은 나를 외딴 섬에 남게 한다

"선배님, 업무 지시할 때 친절하게 설명해 주면 안 될까요?"

"너 지금 뭐라고 했어?"

2002년에 서울에서 첫 직장생활을 시작했다. 같은 부서에 근무하는 여선배는 히스테리가 심했다. 내게 함부로 대하는 선배 태도가 싫어 첫 직장을 몇 개월 만에 그만두었다. 지난 직장생활을 돌아볼 때 얼굴이 화끈거린다. 잘 모르면서 똑똑한 척해 선배들과 부딪혔다. 나는 잘못된 업무 지시로 여러 번 일하는 걸 싫어한다. 한마디로 '삽질'에 거부감이 심하다. 남이 하기 싫어 내게 떠넘기면 민감하게 반응한다. 피해 의식이 남아 있고 방어기제가 발달하여 불친절한 말을 들으면 예민해져 '욱'하고 올라온다.

대한상공회의소에서 2018년 10월에 '국내 기업의 업무방식 실태 조사서'를 발표했다. 직장인 4,000명에게 회사 업무방식하면 떠오르는 단어를 물었다. '삽질', '비효율', '노비', '위계질서' 등의 부정적인 단어가 86%를 차지했다. 직장인이 이렇게 느끼는 이유는 'why에 대해 설명 없는 리더십', 'why를 묻지 못하는 소통문화' 때문이라고 분석했다. '모호하게 말해도 찰떡같이 알아듣기'를 원하고 질문하면 "그것도 모르냐?"라며 무시하는 소통문화가 직장 업무 과정 전반에 깔려있음을 보여준다.

나는 남 탓, 상황 탓을 많이 했다. 부정적인 생각에 사로잡혀 있다 보니 가끔 논쟁에 휘말렸다. 『화성에서 온 남자 금성에서 온 여자』를 쓴 존 그레이는 "대화는 인간관계에서 가장 중요한 요소이고 논쟁은 가장 파괴적인 요소이다."라며 남자 여자의 언어와 사고방식이 다름을 잘 짚어냈다. 그의 통찰력은 남자와 남자 간에도 유용하다. 이성뿐만 아니라 동성의 언어와 사고방식도 차이가 큼을 받아들여야 논쟁을 예방할 수 있다.

논쟁은 피해야 한다. 시비에서 이겨 마음은 시원할지 몰라도 상대의 호감을 잃으면 무슨 소용이 있단 말인가. 말싸움한 상대와 좋은 관계를 이어가기는 사실상 불가능하다. 십수 년 전에 쓴 일기를 들여다보았다. 직원과 갈등이 있는 원인과 개선점이 적혀 있는 부분에서 눈이 멈췄다.

2005. 1. 20.

직원과의 갈등 원인
- 상대를 존중하고 인정하는 마음 부족
- 상대의 말을 듣는 태도가 불성실(끝까지 듣지 않고 반론 제기가 잦음)
- 업무를 맡는데 소극적임(왜 하필 나인가)

개선점
- 상대를 존중하고 인정하도록 노력(출퇴근 시 인사 먼저 하기)
- 상대의 말에 우선 수긍하고 의견이 다를 경우 나중에 말하기
- 업무를 적극적으로 맡을 것(왜 내가 아닌가)

몸에 전율을 느꼈다. 이미 사회 초년생 때 내 문제를 정확히 진단하고 해결방안까지 제시했다. 한숨이 쉬어졌다. 십수 년 전의 잘못된 태도가 지금도 개선되지 않아 인간관계에서 고전하기 때문이다. 나에게 문제가 있음을 깨달았다. 다른 사람 때문에 내가 스트레스받는 것보다 나 때문에 스트레스받는 사람이 더 많다는 사실을 받아들였다. 지금 이 순간에도 '나 때문에 스트레스받는 사람이 있지 않을까?' 주변을 둘러본다. 직장에서 받은 스트레스를 가장 가까운 가족에게 풀지 않는지 자신을 점검한다.

보스턴 대학에서 성공과 출세에 가장 중요한 영향을 미친 요인을 조사하려고 7세 어린이 450명의 일생을 40년간 추적했다. 결과는 "다른 사람과 어울리는 능력, 좌절을 극복하는 태도, 감정을 조절하는 능력" 순이었다. 대인관계 능력이 성공에 가장 큰 영향을 미쳤다는 분석이 내게 시사하는 바가 컸다.

조직은 살아있는 유기체와 같다. 조직이 멈추지 않고 나아가는 건 똑똑한 개인이 아닌 조직 전체가 하나 되어 잘 작동하기 때문이다. 나를 드러내고 내세우기보다 지원들과 협업해 긍정적인 시너지를 내도록 기여해야 한다. 이것을 깨닫기까지 먼 길을 돌아왔다. 애굽에서 가나안까지 걸어서 사흘이면 가는 거리를 40년간 광야에서 방황한 이스라엘 백성처럼.

살면서 갈등은 피할 수 없다. 벌어진 일을 어떻게 수습하느냐가 더 중요하다. 사과할 일은 반드시 사과하고 넘어가야 한다. 자존심만 내세우다가 사과할 때를 놓치면 사람도 놓치게 된다.

퇴근 후 운동을 함께 하며 가깝게 지낸 직장 선배가 있었다. 어느 날 부서장 모르게 자기 업무를 내게 떠넘겼다. 내 업무가 쌓여 선배 일을 제때 돕지 못했다. 선배가 불만을 품었다. 표정과 말투가 딱딱해졌다. 그런 선배 모습에 나도 스트레스가 쌓였다. 하루는 화장실을 가려고 일어서다 서랍을 닫으려는데 손이 미끄러져 서랍이 '꽝'하고 닫혔다. 선배가 "야, 따라와!"라고 소리 질렀다. 선배는 내가 감정이 있어 일부러 서랍을 세게 닫은 거로 오해했다. 옥상으로 끌려갔다. 다짜고짜 안경을 벗으라고 하더니 '맞짱' 뜨자고 했다. '후배에게 이렇게까지 하고 싶을까?'라는 생각에 당혹스러웠다. 실수로 서랍이 미끄러졌다고 해명하자 선배가 말없이 '휙' 하고 계단으로 내려가 버렸다. 그 일이 있고 나서 선배는 한 달 동안 내게 말을 하지 않았다. 두통이 생기고 배가 아팠다. '직장생활을 계속할 수 있을까?' 고민되었다.

한 달 후 회식 자리가 마련됐다. 관계를 풀 좋은 기회였다. 술을 좋아하는 선배였다. 다가가기 어색했지만 선배에게 술잔을 건넸다. 다혈질이지만 화통한 면이 있는 선배였다. 선배는 술잔을 받으며 머쓱했는지 '씩' 웃었다. 다음날부터 다시 내게 말을 걸었다. 지난 한 달간 마음고생에 마침표를 찍었다.

누군가와 갈등이 생겼을 때 가장 중요한 점은 '화해 타이밍'이다. 적당한 때가 되면 풀고 넘어가야 한다. 묵은 채 오래 내버려 두면 마음에 곰팡이가 핀다. 근심이 온몸을 갉아먹는다. 상대와 관계 회복이 어렵게 된다.

괜한 자존심, 지나친 방어막, 순간 혈기는 차 한 잔 함께 마실 사람이 없는 상태로 자신을 고립시킨다. 외딴섬에 나만 덩그러니 남게 한다. 직장 선배나 상사와 되도록 부딪히지 마라. 바위에 계란 치기다. 내 말로 변화시킬 수 있는 상대가 아니다. '사자의 부르짖음' 같은 분노만 상대에게 일으킬 뿐이다. 내가 변하는 게 먼저다.

직장생활 초년 때 일기에 정리한 인간관계 개선점을 상기해본다.

"상대방을 존중하고 인정하자. 상대 말을 끝까지 경청하자. 업무에 적극
적으로 임하자."

03
다른 사람의 말은 그다지 중요하지 않다

버스 안이었다. 서늘해진 가을밤 쳐진 몸과 마음을 추스르며 서 있는 채로 버스 기둥에 몸을 의지했다. 그때 누군가 내 이름을 말 하는 소리가 들렸다.

"야, 내가 양병태보다 더 좋은 대학에 간다. 두고 봐라."
"소문에 고등학교 그만뒀다더라. 중학교 다닐 때 공부 잘했는데."

목소리를 알아차렸다. 중학교 때 행실이 불량하여 문제를 많이 일으킨 동창이었다. 숨이 멎을 것 같았다. 두 손으로 입을 막았다. 말 못 할 서러움이 가슴 깊은 곳에서 올라왔다. 버스가 정류장에 도착했다. 누가 볼까 봐 고개를 숙인 채 도망치듯 정류장을 빠져나 왔다. 마음이 진정되지 않아 집으로 바로 들어가지 못했다.

집 옆에 있는 교회로 발걸음을 옮겼다. 계단을 걸어 올라 2층 예 배당 문을 조심스레 열고 들어갔다. 아무도 없었다. 선 채로 빨간 불이 들어와 있는 십자가를 하염없이 바라보았다. 한 걸음씩 앞으 로 걸어갔다. 차가운 대리석 바닥에 무릎을 꿇었다. 눈을 감았다.

"제가 다시 일어설 수 있을까요? 도와주세요!"

동네 친구가 내게 말했다. 자기 엄마가 나랑 어울리지 말라고 했단다. 이 말을 내가 눈치로 알아채도록 돌려 말했다. 중학교 때는 친구가 나랑 같이 공부하기를 원했던 엄마였다. 고등학교 자퇴 후 학교 안 다니는 나와 어울리면 안 좋은 영향을 받을 거로 생각한 모양이다. 순간 얼굴이 일그러져 표정 관리가 안 되었다. '유치원 때부터 친구인 죽마고우 입에서 그런 말이 나올 줄이야?' 문제아가 된 기분이었다. 나랑 어울리지 말라는 말은 세상에 태어나 처음 들었다. 움츠려진 날개가 한 뼘 더 움츠러들었다. 울고 싶은데 뺨을 세게 맞은 것 같았다.

어머니가 그 얘기를 들었다. 친구 집으로 당장 쫓아가려는 어머니를 간신히 말렸다. '내가 어쩌다 이 지경까지 됐을까?' 그날 종일 풀이 죽었다. 집안일을 하는 어머니도 힘이 없어 보였다. 자신에 대한 원망과 분노가 마음을 찢었다. 친구는 생각 없이 한 마디 던졌겠지만 그 말이 계속 떠올라 죽을 듯 몸부림쳤다. 마흔이 훌쩍 넘은 지금도 그 말이 생각난다. 한번 뱉은 말은 주워 담을 수 없다. 나에게 뱉어진 그 말이 상처가 되었다. 마음에 지우기 어려운 얼룩이 생겼다.

직장에서 듣는 말 중에 제일 화나는 말은 '그러더라'이다. 다시 말해 '카더라 통신'이다. "누가 나에 대해 안 좋은 말을 하더라."라는 말을 전해 들으면 쓴 뿌리가 마음 밑바닥에서 뻗어 올라온다. 말을 전한 사람이 원망스럽다. 말을 전하는 사람의 표정과 태도를 가만히 살펴본다. 말을 전한 사람이 내게 안 좋은 감정이 있는 게 느껴진다. 비겁하게 다른 사람 말 뒤에 숨어 내 반응을 떠보는 것이다. "누가 그랬냐? 난 아니다." 이런 말을 하자니 자존심 상해 무표정하게 대응한다. '반응할 가치도 없다.'라고 자신을 쓰다듬는다. 나에 대한 부정적인 말이 발이 달렸는지 직장 내에 멀리 퍼졌다. 대응하자니 자존심 상하고 안 하자니 속이 부글부글 끓었다.

두세 사람이 모이면 뒷말이 시작된다. 다른 사람 얘기하면 그렇게 재밌고 시간 가는 줄 모른다. 자리를 뜨면 남은 사람이 내 얘기를 할 것 같아 화장실 가기 겁난다. 참 코미디 같다. 언젠가부터 나도 뒷말에 가세했다. 나만 당하는 게 억울했다. 함께 다른 사람을 씹으니 유대감이 느껴졌다.

가만히 있는 나를 누가 말로 죽이는 게 화나고 억울했다. '이에는 이, 눈에는 눈, 말에는 말'로 갚아주고 싶었다. 하지만 악순환이었다. 우리끼리 욕하고 끝날 줄 알았는데 당사자에게 말이 들어갔다. 내가 한 말이 부메랑이 되어 돌아왔다. 관계가 상하고 직장생활이 꼬여갔다. 더 곤란한 상황에 빠져 허우적대는 자신을 발견했다. 내가 어리석었다. 다른 사람 험담하며 내 영혼이 시들어갔다. 하루를 돌아보며 '오늘도 말실수가 많았구나. 가볍게 혀를 놀렸구나.'라며 후회했다.

'다언삭궁(多言數窮)'. 노자 『도덕경』에 나오는 말이다. '말이 많으면 자주 곤란한 처지에 빠진다.'는 뜻이다. 성경 『잠언』에는 "말이 많으면 허물을 면하기 어려우나 그 입술을 제어하는 자는 지혜가 있느니라."라고 기록되어 있다. 말수를 줄이는 게 화를 면하는 가장 지혜로운 방법이다.

'젊은 꼰대'라는 말이 유행이다. 본래 꼰대라는 말은 늙은이, 선생님을 말하는 은어다. 학생, 직장 후배에게 나이 어리다고 함부로 말했다가는 꼰대라는 소리를 듣기 쉽다. 직장에서 지적 잘하는 선배는 후배들 사이에서 꼰대라 불린다. 본인은 자신이 꼰대로 불리는지 모른다. 나처럼 마흔이 넘은 직원은 조직에서 위치가 애매하다. 부서장과 후배 사이에 낀 세대이다. 위와 아래를 조율하는 위치이다. 부서장 대신 후배에게 싫은 소리 하고 지적하는 처지가 된다. 지적질, 잔소리를 좋아하는 사람은 없다. 누구나 달갑게 여기지 않는다. 나도 모르게 '젊은 꼰대'가 되어 있지는 않나 씁쓸하다.

그 사람의 사정이 무엇인지 알아보지 않고 일방적으로 말하는 사람은 외면당한다. 조급함은 실수를 불러 사람과 멀어지게 하는 원인이 된다. 한 박자 늦춰야 한다. 멈추면, 느리게 가면 안 보이던 게 보이게 된다. 상사 또는 후배가 왜 그렇게 말하고 행동했는지부터 살펴보는 게 먼저다.

누군가 내게 안 좋은 말을 할 때 또는 '그러더라' 하며 듣기 거북한 말을 전할 때 흥분하지 말라. 잠시 휴게실에 가서 봉지 커피 한 잔 마시며 마음을 기라앉히라. 어쩌면 상대는 내가 흐트러지고 무너지기를 바라는 줄 모른다. 말로 나를 떠보고 흔들려는 의도일 수 있다. 진정 나를 위하는 사람은 내게 안 좋은 말을 쉽게 전하지 않는다. 조언하더라도 사색하고 깊어진 언어로 전한다. 삼사일언을 실천한다. 하고 싶은 말이 있더라도 세 번 참아준다. 그 정성이 마음에 도달할 때 나 스스로 잘못을 깨닫게 된다.

내 인생 운전사는 나다. 운전대는 내가 잡고 있다. 좌로나 우로나 치우치지 않도록 중심을 잡으면 된다. 다른 사람 말은 그다지 중요하지 않다. 다른 사람 말에 예민하게 반응할 필요가 없다. 아무 말도 안 들은 것처럼, 아무 일도 없었던 것처럼 툭 털어 버려라. 흔들리지 않고 담대하게 행동하는 당신에게 더는 말을 전하지 않을 것이다. 사람들이 당신을 안정적인 사람이라고, 괜찮은 사람이라고 여길 것이다.

한편 다른 사람은 나의 말을 어떻게 생각할까? 내 말도 그다지 중요하지 않다고 여기는 건 아닐까? 오늘을 살며 무심코 던진 말은 없었나? 깊이 생각하지 않고 던진 내 말에 상처받고 힘들어하는 사람은 없을까? '다언삭궁'을 떠올려 본다. 말이 많으면 화를 초래한다. 말을 줄이자. 침묵함으로 내면을 단단히 하자.

04
스스로 실패자라고 낙인찍지 마라

고등학교를 그만두니 세상 사람들이 나만 쳐다보고 수군대는 듯 느껴졌다. 헤어 나오기 힘든 피해 의식의 늪에 빠져들었다. 그동안 내가 세상 중심인 양 착각하며 살았다. '세상은 나에게 관심이 없다. 학교 그만둔 사실을 아는 사람은 극소수다. 사람들은 자기들 문제로 정신이 없다.'라는 사실을 깨닫지 못했다.

공부가 인생 전부인 나는 살아갈 의미를 찾지 못했다. '다시 일어설 수 있을까. 대학은 갈 수 있을까. 결혼해서 가정은 이룰 수 있을까?'라는 자신 없는 생각들이 머릿속을 가득 채웠다. 이대로 인생이 마침표를 찍을 것 같았다. 인생 열차에 승차를 거부당한 낙오자, 실패자로 여겨졌다.

두 번째 직장을 그만두기 전날 밤 사무실에 혼자 남았다. 어떻게 사직 의사를 전달할지 고민했다. 선배와 팀장을 대면할 용기가 안 났다. 여러 생각 끝에 이메일을 선택했다. 그간 감사함과 죄송함을 표현했다. 그리고 한 달 동안 휴대폰을 껐다. 직장에 비상이 걸렸다. 국내와 해외 협력업체 소통에 문제가 생겼다. 한 달 만에 출근했다. 얼굴을 들 수 없었다. 선배가 "야, 어깨 펴. 네가 죽을 죄지었냐?"라며 힘을 주었다. 인사부장과 면담하고 퇴사 절차를 마무리 지었다.

아침 8시 출근해서 자정까지 일했다. 새벽까지 술자리가 계속되는 날이 잦았다. 새벽 3시 넘어 숙소인 고시원으로 돌아와 몇 시간 눈을 붙이고 출근했다. 이 생활이 반복되자 20대 젊은 청춘의 출근길 걸음걸이가 '터벅터벅' 느려졌다. 퇴근길에 고시원 골목을 힘없이 오르며 '내가 지금 뭐 하고 있지. 내 인생이 어디로 흘러가는 건가'라는 생각만 들 뿐 답을 찾지 못했다.

몸에 신호가 왔다. 코피가 났다. 배가 아프고 소화가 안 됐다. 머리가 깨질 듯 아팠다. 마음에 빨간 불이 들어왔다. 회사 생각만 하면 불안하고 어지러웠다. 이러다 쓰러질 게 눈에 보였다. 지금 생각해도 이메일로 사직 의사를 전하고 휴대폰을 끈 건 무책임하고 욕먹을 짓이었다. 하지만 그때는 어찌할 바를 몰랐다. 죽을 것 같은 고통 굴레에서 벗어나고 싶을 뿐이었다.

땅에 떨어진 자신감을 수습하기 어려웠다. 직장생활을 다시는 못할 것 같았다. 꿈을 품고 사회에 내디뎠던 힘찬 발걸음 소리가 꺼져가는 불씨처럼 희미해졌다. 꿋꿋이 직장생활하는 친구를 만나면 목소리가 작아졌다. 시선이 친구 얼굴을 향하지 못하고 커피잔에만 머물렀다.

독일 사이클 선수인 크리스티나 포겔은 올림픽에서 2개의 금메달을 획득했고 11차례나 세계선수권 정상에 오른 스타이다. 2009년 사이클을 타다 버스와 충돌했다. 광대뼈와 손뼈가 부러지고 치아를 여섯 개나 잃었다. 그녀는 포기하지 않고 4개월 동안 재활에 집중했다. 결국 2012년 런던올림픽 단체전 금메달, 2016년 리우데

자네이루 올림픽 개인전 금메달과 단체전 동메달을 획득하며 재기에 성공했다.

작년에 그녀는 훈련 도중 다른 선수와 충돌해 척추를 심하게 다쳤다. 하반신이 마비되었다. 다시는 걷지 못한다는 사실을 알았다. '왜 나에게 이런 일이 일어났나?'라며 눈물 흘리고 원망하지 않았다. 대신 앞으로 무슨 일을 할지 고민했다. 자신을 포기의 절벽으로 내던지지 않고 나아갈 방향을 찾았다. 두 다리로 사이클을 다시는 탈 수 없다. 하지만 그녀는 두 팔로 바퀴를 굴리며 새로운 삶을 살아가고 있다. 긍정의 힘으로 인생 위기를 새로운 기회로 바꾸어 나가고 있다.

대전 월드컵 경기장을 아내와 함께 찾았다. 2007년 고종수 선수 재기전이었다. 내 인생이 쓰러진 경험이 있어서인지 고종수 선수에게 감정이 이입되어 잘해주기를 기도했다. 고종수 선수는 예전보다 체중이 불어 몸놀림이 둔했다. 하지만 왼발은 여전히 날카로웠다. 패스가 살아있었다. 후반전 종료 직전 왼발 동점 골을 넣어 1대0으로 뒤지고 있던 팀을 패배에서 구했다. 골이 멋지게 골키퍼를 뚫고 그물망을 가르는 순간 나는 아내와 얼싸안으며 환호했다. 박수를 멈추지 않았다. 고종수 선수가 재기에 성공하기를 간절히 바랐다. 그는 이후 대전 구단과 갈등을 빚더니 2009년 은퇴를 선언했다. 축구천재 고종수를 선수로서는 더 볼 수 없는 아쉬움이 진했다.

고종수 선수는 축구천재였다. 왼발 차기의 달인이었다. 20세에 최연소로 K리그 최우수상을 받았다. 2001년에 아시아축구연맹 3월의 선수에 선정됐다. 프로 축구선수 중 14번째로 30-30클럽에(골 30개, 도움 30개) 가입했다. 하지만 2003년 일본 프로축구인 J리그로 이적하며 축구 인생 하락세가 시작됐다. 감독과 불화가 생겨 경기

출전 기회가 줄어들더니 팀에서 방출됐다. 2004년 K리그 친정팀인 수원으로 복귀했으나 다시 방출의 아픔을 겪어야만 했다.

2017년 그는 자신이 마지막 선수로 뛰었던 대전 시티즌 감독으로 돌아왔다. 선수로서 여러 번 좌절을 겪었다. 그렇다고 절망에 빠져 포기했다면 지금의 고종수는 없었을 것이다. 고종수의 인생 커리어는 진행 중이다. 선수 시절 펼치지 못하고 꺾인 날개를 감독으로서 마음껏 펼쳐 비상하기를 기대한다.

학문 중에 '실패학'이 있다. 실패에서 배우려는 시도를 학문으로 정립한 것이다. 일본에는 실패학을 연구하는 교수가 많다. 대표적 인물이 국제실패학회 사무총장인 이이노 겐지 간사이대 교수이다. 스웨덴에는 '실패박물관'이 있다. 핀란드에서는 매년 '실패의 날'이 열린다. 실패의 가치를 사람들과 공유하자는 행사이다. 작년에 국내에서 정부 주관으로 실패박람회가 개최되었다. 실패 경험을 나누고 실패를 넘어 도전으로 이끌자는 취지였다. 사람들은 왜 이처럼 실패에 집중하는가. 실패의 가치가 중요하기 때문이다. 성공을 이루려면 실패를 외면 말고 껴안으며 실패에서 배워야 한다.

"실패는 위대함으로 가는 또 하나의 디딤돌이다."라는 오프라 윈프리의 말처럼 실패는 성공으로 가는 과정이다. 일찍 실패를 경험해야 빨리 성공할 수 있다. 실패는 새로운 기회를 보여준다. 몰랐던, 알 수 없는 새로운 길로 인도해준다. '아플수록 성숙해진다.'라는 말처럼 실패를 통해 성숙해진다. 실패해 본 사람만이, 밑바닥을 경험해 본 사람만이 볼 수 있는 인생의 단면이 있는 것이다.

실패로 넘어져 있는가. '나는 안된다.'라는 자학적 사고에 빠져 있는가. 빠져나올 수 없는 어둠의 터널에 갇혀 있다고 생각하는가.

실패는 시간이 지난 후 돌아볼 때 결국 인생에 도움이 된다. 스스로 실패자라고 낙인찍지 마라. 이 세상 누구도 당신을 실패자라고 말할 수 없다. 당신을 실패자라고 말할 자격 있는 사람은 없다. 살다 보면 누구에게나 좌절의 순간이 다가온다. 인생에서 승리하는 사람은 혹독한 추위의 겨울을 견뎌낸 사람이다. 봄이 되어 다시 꽃이 필 때까지.

05
상처 많은 나무가
아름다운 무늬를 남긴다

세상에 상처 없는 사람은 없다. 겉으로 보기에 상처 하나 없이 깨끗해 보여도 안을 들여다보면 상처투성이인 경우가 허다하다. 누구나 저마다의 상처를 끌어안고 산다. 뜻밖의 사고를 당해 겪은 고통이 마음속에 오래 머무는 상처가 되기도 한다.

2016년 12월 토요일 오전이었다. 가족과 겨울 온천을 즐기러 아산에 가는 중이었다. 목적지 도착까지 몇 킬로밖에 남지 않았다. 시골길이라 교차로에 신호등이 없었다. 교차로를 앞에 두고 차 속력을 줄이며 내비게이션을 잠시 보았다.

쾅.

사고가 순식간에 일어났다. 서행으로 직진하는 내 차 전면을 왼쪽에서 세게 달려오는 차가 들이받았다. 내 차가 두 바퀴 반을 돌다가 자리에 멈췄다. 상대 차는 앞으로 몇십 미터 나아가다 정지했다. 정신이 없었다. "아악!" 뒷좌석에 있는 아내가 갑자기 소리 질렀다. 차 뒤쪽을 보았다. 대형 트럭 두 대가 높은 지대로부터 달려 내려오다가 내 차 앞에서 급정지했다. 내 차가 트럭에 들이받혀 튕겨나갈 뻔했다. 보조석에 있는 아내와 뒤쪽에 타고 있는 얘들은 말없이 숨을 죽였다. 몇 분 뒤 병원 긴급 차와 119구급차가 사고 현장에 도착했다. 대형 트럭 운전사가 차 안에 있는 사람들이 움직이지 않자 놀라 전화했다고 한다.

구조대원 도움으로 차에서 내려 길가 의자에 앉았다. 초등학생인 아들은 충격과 공포를 울음으로 드러냈다. 하지만 유치원생인 딸은 놀란 기색 없이 땅만 바라봤다. 나와 아내는 딸이 큰 사고에도 흔들림 없고 대범하다고 여겼다. 자녀에게 온천 실내 수영장 물놀이를 선물하고 싶어 떠난 여행이었다. 아빠 운전 부주의로 가족들을 위험에 빠뜨리고 고통을 안겼다. 가족에게 미안한 마음이 하늘을 찔렀다.

온 가족이 한의원 치료를 시작했다. 한의사에게 충격적인 얘기를 들었다. 멀쩡한 줄 알았던 딸 상태가 가장 심각하다는 것이다. 딸 목 주변에 오돌토돌한 방울 같은 게 잔뜩 올라왔다. 딸아이의 놀람과 공포심이 염증으로 표출되었다. 반면 자신의 감정을 적극적으로 표현한 아들은 큰 이상이 없었다. 한의원 치료를 받고 집에 돌아와 한동안 멍하니 앉아있었다. 딸은 평소 잘못해서 혼날 때 담담하게 받아들였다. 나는 그런 딸이 당찬 면이 있다고 생각했다. 그동안 딸을 제대로 모르고 있었다. 딸은 무서움, 긴장을 겉으로 표현하기보다 속으로 삭이는 성향이었다.

차 앞이 부서져 떨어져 나갈 정도의 충격으로 가족이 크게 다치거나 목숨을 잃을 뻔한 사고였다. 나의 실수가 가족을 위험에 빠뜨렸다는 자책감이 마음에 상처를 냈다. 더 큰 상처는 내가 딸을 잘모르고 있다는 사실이었다. '얼마나 놀라고 고통스러웠으면 딸아이 목 주변에 염증이 생겼을까?'라는 생각이 나를 괴롭혀 한동안 잠을 못 이뤘다.

시간이 지나 긍정의 꽃이 피어올랐다. '이제라도 알았으니 지금부터 노력하자.' 딸을 향한 관심이 몇 배 커졌다. 딸이 하는 말과 행동을 유심히 살펴 행간을 놓치지 않으려고 애썼다. 딸과 산책하고 공놀이하는 시간을 늘렸다. 딸을 이해하려고 노력하는 아빠가 되었다.

어느 날 저녁이었다. 아들이 다급히 집으로 뛰어 들어왔다. 얼굴에 상처가 보이고 안경테 오른쪽이 부러져 있었다. 자초지종을 들었다. 놀이터에서 동생과 놀고 있는데 동네 형이 던진 야구공에 얼굴을 맞은 것이다. 공을 던진 아이는 아들이 다치고 안경이 부러진 것을 보고 "미안해."라고 말하고선 도망갔단다. 상처 난 아들 얼굴과 부러진 안경테를 바라보며 말문이 막혔다.

다음날에 아들 학교 시험이 있었다. 밤늦게라도 안경을 수리해야 했다. 그날 밤 안경원을 찾았다. 함께 간 딸이 안경원 직원에게 "저도 시력 검사해 주세요."라고 여러 번 졸랐다. 큰 의미를 두지 않고 검사 차원에서 딸 시력을 측정했다. 직원이 심각한 표정을 지으며 말을 꺼냈다. "따님 시력이 안 좋습니다. 계속 나빠지고 있는 상태여서 안경을 써야 합니다." 망치로 머리를 한 대 얻은 맞은 기분이었다.

아들이 처음 안경을 쓴 때가 떠올랐다. 2박 3일 일정으로 서울 출장 중이었다. "태은이 시력이 나빠져 안경을 써야 한대요."라는 아내 전화를 받은 날 속상한 마음을 움켜쥐고 밤에 집으로 돌아와 아들과 함께 안경원에 갔다. 안경 쓴 아들을 보며 딸만은 평생 안경과는 담쌓기를 바랐다. 그런 바람과는 달리 이제 초등학교 1학년인 딸이 안경을 써야 한다는 현실을 받아들이기 어려웠다. 슬픔과 안타까움이 교차했다.

하지만 나와 아내를 충격에 빠뜨린 건 딸 시력 상태가 나빠짐을 모르고 지냈다는 사실이다. 딸은 안경을 쓰고 처음에는 어색해했지만 사물이 뚜렷이 보인다며 기뻐했다. "안경을 벗으면 화단에 핀 꽃이 흐리게 보이는 데 안경을 쓰니 잘 보여요."라며 미소 지었다. 하룻밤 사이에 자녀에게 생긴 일들을 보며 '인생사 참으로 예측할 수 없구나.'라는 생각이 들었다.

'새옹지마(塞翁之馬)'. 인생의 길흉화복은 변화가 많아 예측하기 어렵다는 말이다. 살면서 좋은 일만 겪을 수는 없다. 죽을뻔한 큰 사고를 당하기도 하고 자녀가 다치기도 한다. 주변이 놀랄 정도로 큰 교통사고를 당해 차가 폐차 상태였지만 가족이 무사해 감사했다. 갑자기 날아온 야구공에 아들이 맞아 상처 나고 안경테가 부러졌지만 눈을 다치지 않아 다행이었다. 예상치 못한 두 가지 사고로 얻은 유익이 있다. 딸의 밖으로 잘 표출하지 않는 심리상태와 나빠진 시력을 발견한 점이다. 비록 처음에는 사고가 '상처'였지만 딸이 겪은 고통과 불편함을 일깨워준 '축복'이 되었다.

상처가 깊을수록 상처에 대한 태도가 중요하다. 상처를 어떻게 받아들이냐에 따라 인생이 달라진다. 이미 일어난 일은 바꿀 수 없지만 그에 대한 반응은 내가 선택할 수 있다. 상처를 상처로만 여기고 다른 사람을 원망하고 불평하면 고통에서 빠져나올 수 없다. 스스로 움츠러들고 수치심이 반복되어 대인관계가 흔들리게 된다.

진주의 생성과정을 아는가. 조개껍데기에 외부 이물질이 들어와 상처가 나면서 진주가 만들어진다. 조개가 이물질이 주는 극심한 고통을 견디며 품어낸 게 진주이다. 내가 통제할 수 없는 사건, 사

고가 삶에 들어올 때 그것을 거부하지 말고 긍정적으로 품어내야
만 '인생 진주'를 만들 수 있다.

지금 어떤 고통과 상처에 신음하며 괴로워하고 있는가. 내 안의
상처가 아름다운 무늬로 남을지, 인생에 단 하나밖에 없는 '나'라
는 걸작품을 갉아먹는 좀벌레가 될지는 스스로에게 달려있다.

06
고독의 시간이 주는
묵직한 위로

 고등학교 시절을 '학교'라는 소속 없이 홀로 보냈다. 혼자 있는 시간이 고통이었다. 얘기할 상대가 필요해 옆에 누군가를 붙잡아 두려고 애썼다. 사람들과 함께 있다가 집에 돌아오면 공허함과 외로움에 몸서리쳐졌다. '나'는 사라진 채 대화도 몸짓도 상대에게 맞춰져 갔다. 그렇게라도 상대에게 맞춰 지내 홀로 남겨짐을 피하고 싶었다. 혼자일 때 망상에 사로잡히고 피해 의식이 머릿속을 헤집고 다녔다. 혼자 있는 게 무서웠다.

 연말이 되면 가까이 지내는 사람들을 집에 초대했다. 음식을 나누고 한 해를 돌아보며 유쾌한 시간을 보냈다. 휴일에는 아내와 단둘이 보내기보다 누군가에게 연락했다. 다른 사람과의 만남과 모임을 기획했다. 어느 날 아내는 "사람들에게 연락할 필요 없는데 왜 전화해 그렇게 아쉬운 듯 행동하세요?"라며 조심스럽게 말을 꺼냈다. 아내 말을 듣고서 머리에 강 펀치를 맞은 듯했다. '아, 그렇구나. 내가 예전에 혼자 지내는 게 두려워 사람을 찾아다닌 모습처럼 지금도 여기저기 연락하고 있구나.' 여전히 누군가가 나를 공감해주고 인정해야 안정감을 느끼고 타인을 지나치게 의식하며 사는 자신을 발견했다.

　사람이 혼자 있지 못하는 이유는 타인을 의식하기 때문이다. 다른 사람을 신경 쓰는 사람은 혼자 남으면 불안해진다. 상처 입은 내면의 나와 마주할 용기가 나지 않는다. 혼자 남겨짐을 견딜 수 있어야 한다. 다른 사람과 나누는 몇 시간 대화보다 내면과 나눈 잠깐의 대화가 힘을 준다. 혼자 있는 시간에 엄청난 힘을 비축할 수 있다. 홀로 고독의 시간을 보낼 정도로 단단한 내면을 가진 사람은 주변 상황을 성장의 자양분으로 흡수할 수 있다.

　혼자 있을 수 있음은 하나의 능력이다. 홀로 강한 사람은 어떤 상황에도 흔들리지 않고 소신껏 살아간다. 혼자임을 즐길 줄 아는 사람은 자신과 진정으로 소통할 수 있는 사람이다. 자신과 좋은 관계를 맺는 사람이 다른 사람과도 건강한 관계를 유지한다.

　몇 년 전부터 관계에 끌려가지 않고 안정감을 회복했다. 용건 없이 습관적으로 전화하지 않고 형식적인 안부 문자를 보내지 않는다. 여러 사람과 두루두루 얇게 관계를 이어가기보다 서로를 찾아주고 존중하는 소수의 사람과 깊은 관계를 맺기 시작했다. 그러자 관계에 쏟는 에너지가 절약됐다. 비축한 힘을 모아 필요한 관계에 집중했다. 소중한 사람과의 관계가 더욱 돈독해졌다.

　혼자 있는 시간이 편해졌다. 혼자 있으니 다른 사람 기분을 살필 필요가 없다. '나다움'을 드러내고 내가 하고 싶은 일에 집중했다. 일 년에 두 번 명절이 기다려진다. 혼자 있을 기회가 생기기 때문이다. 명절에 아내와 자녀는 처가에서 연휴 마지막 날까지 머물고 나는 집으로 하루 먼저 돌아와 내면과 마주하는 고독의 시간을 보낸다.

　작년 추석 명절 연휴였다. 고향 집 책상 서랍에서 색이 바랜 일기장과 사진을 발견했다. 고등학교 입학 때부터 대학 2학년까지 틈틈이 썼던 일기였다. 고향에서 명절을 보내고 그것들을 가져왔다. 혼자 있는 집에서 숨을 죽이며 두 시간 동안 읽어 내려갔다. '왜 그리도 힘들다는 얘기가 많은 건지' 가슴이 먹먹해졌다. 우울하고 처진 일기를 읽다 보니 슬픔이 밀려 눈시울이 뜨거워졌다. 그 시절로 돌아가 그동안 외면했던 나를 만났다. 내 안의 울고 있는 어린아이를.

사진첩을 넘겼다. 아버지와 물놀이했던 냇가, 동물원에서 토라져 등 돌리고 있는 모습, 고등학교 때 누나와 찍은 사진 등 어린 시절 사진이 가득했다. 눈을 감고 추억에 잠겼다. 마음속 깊은 곳을 들여다보았다. 사진첩 사이에 껴 있는 종이 한 장을 발견했다. 나만 세상과 동떨어지고 버려진 듯한 10대 시절을 회상하며 쓴 '시'였다.

진흙 속 흑진주 같은 사랑

하나님의 사랑
뿌우연 안개 속에 스며드는 햇살처럼
남몰래 찾아오시는
헤아릴 길 없는 그분의 사랑

사랑을 '포기함'으로 착각한
나의 어리석음과 무지함.
겸손의 씨앗을 내리시려던 것을

3년간의 몸서리치는 외롭고 길었던
시간의 터널.
난 몰랐네
내가 빛어지는 순간이었음을
가장 귀한 사랑의 순간이었음을

아내는 두 자녀를 키우며 홀로 있는 시간이 부족했다. 아내는 쉬지 않고 얘기하는 자녀 말을 잘 들어줬다. 누군가의 말을 계속 들어주는 건 쉬운 일이 아니다. 자녀가 잠든 후에 집안일을 마치면 아내는 그때부터 혼자 있는 시간을 가졌다. 어느 때는 자정이 넘었다. 그만 잠자리에 들자는 내게 아내는 "지금이 아무 소리 나지 않는 유일한 시간이에요."라고 대답하며 밤늦게라도 좋아하는 책을 읽으며 생각을 정리해야 가족을 돌아볼 힘이 생긴다고 말했다.

다른 사람의 자극과 말에 종일 노출되어 영향받는 우리는 자신만의 생각을 정리하고 다듬는 시간이 필요하다. 고독의 시간에 나만이 들어갈 수 있는 내적 공간을 가꾸어야 한다. 내면과 대면하는 시간 없이 분주함에 쫓기면 마음이 시들어간다. 마음 밭이 마르지 않도록 계속해서 물을 주어야 한다.

고독이란 자신과 대화하는 시간이며 자신의 존재 의미를 찾아가는 여행이다. 고독하게 자신의 분야에 몰입해 있는 사람들은 강하고 위대하다. 그들이 세상을 이끌고 변화시키는 지도자가 된다. 사람들 사이에서 벗어나 고독해지는 연습을 해보라. 고독의 시간이 주는 묵직한 위로를 경험할 것이다.

07
첫 발을 떼는 순간
도전은 시작된다

편입.

대학에 입학하면서 가슴에 품은 단어였다. 서울지역 대학으로 '편입'을 꿈꿨다. 1학년을 마치고 2학년으로 편입하는 게 목표였는데 갑자기 편입제도가 바뀌었다. 2학년 과정까지 마친 후 3학년으로 편입이 허용됐다. 1학년을 마치자마자 입대를 지원했다.

병무청 신체검사를 받는 날이었다. 인적 사항을 적는 서류에 '단체생활에 어려움을 겪은 경험이 있는가?'라는 설문내용이 있었다. 고등학교 시절이 떠올라 무심코 '있다'에 표시했다. 신체검사를 마치고 군의관과 상담 시간을 가졌다.

"야, 너 군대 가고 싶어?"

"네, 가고 싶습니다."

"근데 이걸 표시하면 어떡해?"

고등학교 시절에 독서실, 기숙사 단체생활이 어려웠고 학교생활에 적응 못 해 우울증이 생겨 신경정신과 상담 치료를 받았다는 설명을 덧붙였다. 군의관은 고개를 갸우뚱하며 한참을 고민하더니 내게 보충역 4급 판정을 내렸다. 현역 입영대상에서 제외됐다. 뜻밖의 결과였다. 시력 나쁜 점 빼고는 건장한 대한민국 청년인 나는 당연히 현역 입영대상자가 될 거라 여겼다. 군의관은 내가 현역으로 입대하면 군 생활에 적응 못 할까 봐 걱정된 눈치였다. 단체생활에 약해 사실 군 복무가 두려웠다. 약한 모습을 보이기 싫어 현역으로 가겠다고 정면돌파 의지를 보인 게 오히려 군의관 마음을 흔들었다.

보충역으로 군 복무를 마치고 2학년에 복학했다. 그 해를 생각하면 지금도 가슴이 뛴다. 편입이라는 뚜렷한 목표가 있었기 때문이다. 편입 꿈을 이루려고 영어 실력 향상과 전공 학점관리에 힘썼다. 영어시험만 보는 대학을 편입대상 학교로 삼았다. 아침과 저녁에 학교 어학원에서 외국인이 진행하는 영어 회화 수업에 참여했다. 강의를 듣는 시간 외에는 도서관에서 지냈다. 1분이라도 아끼려고 김밥 한 줄로 식사한 때가 많았다.

캠퍼스 이동수단은 자전거였다. 벚꽃이 필 때면 시민 공원이 될 만큼 아름다운 캠퍼스를 자전거로 누볐다. 아침 8시부터 자정까지 열정을 불태운 하루하루가 가슴 벅찼다. 대학 2학년 때의 삶은 가장 뜨겁게 살아낸 한 해였다. 후회나 미련이 전혀 없을 만큼.

영어영문학과로 대학에 입학했다. 같은 학과 선배들의 취업 동선을 살펴보았다. 대부분이 학교 또는 학원 선생님이었다. 1학년 여름방학 때 영어학원에서 중학생을 가르쳤다. 그때 교직을 안 하기로 마음먹었다. 가르치는 일이 적성에 안 맞았다. 편입할 대학의 전공에 대해 고민한 끝에 경영학부로 결정했다. 영어는 목적이 아닌 수단으로 활용하는 전략을 세웠다. 영문과생은 사람들의 기대치가 놓았다. 영어를 웬만큼 잘해도 인정받기 어려웠다. 하지만 경영대생은 전공이 취업에 유리했고 영어를 조금만 잘해도 눈에 띄었다. 2학년 때 경영학을 복수로 전공했다. 편입할 대학 전공으로 정한 경영학부에 미리 적응하기 위해서였다.

대학교 2학년 겨울방학이 다가왔다. 방학 동안 고향에 가는 대신 학교에 남아 시험 준비에 전념하고 싶었다. 자취방 주인과 거취를 상의하는데 방학 동안인 두 달 계약은 할 수 없다며 1년 재계약을 원했다. 마음은 이미 서울 소재 대학에 둥지를 틀었기에 배수진을 치고 자취방에서 짐을 정리해 고향 집으로 돌아왔다. 방에 짐을 쌓아 두고 풀지 않았다. 3학년부터는 서울에서 대학에 다닐 거라 믿었다. 방 한가운데 상을 펴 영어책을 올려 두었다. 방이 짐으로 둘러싸여 어수선했지만 마음 판에 새겨진 뚜렷한 목표가 나를 집중하도록 도와주었다.

새벽에 눈이 떠졌다. 일어나 주섬주섬 옷을 걸쳤다. 발걸음이 교회 기도실로 향했다. 편입시험이 얼마 남지 않아 절박했다. 돌아갈 수 없는 강을 건넜다. 무조건 편입시험에 합격해야만 했다. 기도한 후 얼마나 시간이 지났는지 눈을 떠보니 2시간이 지났다. 잠시 기도한 것 같은데 시간이 훌쩍 흘렀다. 절실하고 간절했기에 시간 가는 줄 몰랐다. 기도한 자리에 눈물 콧물이 흥건했다.

네 개 대학에 지원했다. 흑석동에 있는 대학은 경쟁률이 44대 1이었다. 높은 경쟁률에 움찔했지만 '경쟁률은 허수다.'라는 생각이 들었다. 내가 네 군데 대학에 응시했듯 학교마다 복수지원생이 많을 게 분명했다. '괜찮아, 할 수 있어!'를 속으로 외쳤다. 네 개 대학에서 편입시험을 무사히 마쳤다. 세 군데 대학에서 합격 소식을 전해왔다. 행복한 고민 끝에 흑석동에 있는 대학교 3학년으로 편입을 확정했다.

편입 생활이 만만치 않았다. 1학년 때부터 경영학을 전공한 학생들에 비해 경쟁력이 약했다. 학과 수업을 따라가기 벅찼다. 전공 수업은 몇 명씩 팀을 묶어 활동하는 '팀 프로젝트'로 진행됐다. 아는 사람이 없어 난감하고 편입생이라는 생각에 위축됐다. 하지만 실마리가 보였다. 전공 서적이 모두 영어 원서였다. 고등학교 시절부터 영어 회화를 익혔고 편입을 준비하며 영어 실력을 끌어올린 터였다. 영어에 부담이 없는 나를 발견한 학생이 자기 팀에 들어오라고 제안했다. 고마운 마음에 전공 책을 번역하고 자료를 정리하며 팀에 이바지했다. 영어 덕분에 새로운 학교생활 적응이 '순풍에 돛단배'처럼 순조로웠다.

대학교 4학년 2학기가 되었다. 어느덧 취업에 도전하는 시기가 다가왔다. 서울 소재 대기업 입사를 목표 삼았다. 입사 지원한 서류가 통과하여 몇 군데 회사에서 면접을 보았다. 최종 면접까지 간 곳도 있었지만 취직이 내 맘처럼 쉽지 않았다. 같은 학과 학생들이 취업했다는 소식이 하나둘 들리면서 마음이 조급해졌다. 차분히 방향을 정하고 다시 취업 도전 길에 나섰다.

학과 팀 프로젝트 준비를 위해 후배 자취방에 팀원들이 모였다. 한창 발표 방향을 논의하는 중에 내 전화기가 울렸다. 지원한 회사 최종 합격 전화였다. 자취방에 환호성이 넘쳤다. 후배들이 "선배님, 이렇게 합격 연락이 오는 거군요."라며 축하해주었다. 졸업을 몇 달 앞두고 사회에 첫발을 내디뎠다.

홀로 지내던 생활을 청산하고 대학이라는 소속이 생겨 안도감이 들었다. 하지만 발걸음을 거기서 멈추지 않았다. 한 발 더 떼어 '편입'이라는 새로운 도전을 시작했다. 도전에는 숨 막히는 경쟁이 존재하기에 도전에 대한 자기 확신이 필요하다. 자신이 원하는 바를 분명히 아는 사람은 밤을 새워 몰두해도 지치지 않는다. 도전 과정 자체를 즐길 수 있어 경쟁력이 급상승한다.

현재에 머무는 자리에 안주하면 새로운 도전을 꿈꾸지 못한다. 무슨 일이든 시작이 어렵다. 도전하고자 마음먹는 일이 가장 힘들다. 마음만 먹으면 이미 반절은 이룬 것이나 다름없다. 무엇을 이루고 싶은가. 어떤 삶을 살기 원하는가. 방향을 정하고 확신이 섰다면 첫발을 내디뎌보자. 첫발을 떼는 순간 의미 있는 도전이 시작된다. 도전 자체만으로도 우리 인생은 아름답고 풍요로워진다.

08
당신의 스토리는
거기서 끝나지 않는다

"양병태 동문님, 안녕하세요. 졸업식에 참석하는 거죠?"

"꼭 참석해서 자리를 빛내 주세요."

직장에서 작업 중에 전화를 받았다. 대학교 학과 사무실이었다. 며칠 후 졸업식이었다. 졸업식 날 직장 출근을 안 해 어머니 뵈러 고향에 갈 예정이었다. 졸업식에 꼭 참석해야 하는 이유를 물었다. 기분 좋은 목소리가 들려왔다. "학과 수석 졸업생입니다. 졸업생 대표로 상패를 받아야 해요." 통화를 마치고 직장 건물 옥상으로 올라갔다. 하늘을 바라보았다. 힘들었던 지난날이 구름 사이로 스쳐 지나갔다. 고등학교에 적응 못 해 나락으로 떨어졌던 나, 학교를 그만두고 집에서 보낸 외로운 시절, 어둠의 터널에 갇혀 절망한 모습이 파노라마처럼 펼쳐졌다. 내가 '학과 수석 졸업'이라는 사실이 믿기지 않았다.

갑자기 중학교 입학식이 떠올랐다. 시골 여러 초등학교 출신 학생들이 한 중학교에 입학했다. 입학 전에 반 배치고사가 있었다. 전주에서 가장 큰 서점에 들러 문제집 두 권을 샀다. 누가 시키지 않았지만 스스로 입학시험을 준비했다. 입학식을 며칠 앞두고 집

전화가 울렸다. 중학교 행정 사무실이었다.

"양병태 학생이죠. 축하해요. 입학시험에서 수석을 했어요."

입학식 때 입학생 대표로 전교생 앞에서 선서해야 한다고 친절한 설명을 덧붙였다. 초등학교 때 전교 1등을 해본 적이 없다. 살면서 처음 느껴본 전율이요 성취였다. 아버지는 그 말을 듣고 큰 내색을 안 했다. 아버지가 다른 사람에게 막내아들 자랑하며 호탕하게 웃었다는 사실을 나중에 동네 어른에게 전해 들었다.

어머니에게 전화했다. 대학 졸업식에 참석해야 하는 이유를 전했다. 어머니는 말을 잇지 못하고 "잘했다."라며 울먹였다. 졸업식 날에 어머니가 서울로 올라왔다. 둘째 누나와 매형이 졸업식에 참석해 어머니 옆을 든든히 지켰다. 우등 졸업생 호명이 있었다. 앞으로 걸어 나가 단상에 올라 상패를 받았다. '찰칵' 매형 카메라 셔터 소리가 경쾌하게 축하해주었다. 단상에서 내려오면서 고개를 어머니 방향으로 돌렸다. 어머니는 오른손으로 눈물을 훔치고 있었다. 가슴이 뭉클했다.

졸업식을 마치고 어머니에게 학사모와 옷을 입혀 드렸다. 졸업식장에서 어머니를 뒤에서 안으며 사진을 찍었다. 내가 공부했던 경영대학 건물 앞에서도 기념사진을 남겼다. 후배들이 다가와 축하의 말을 건네주었다. 어머니 얼굴에 웃음꽃이 피었다. 어머니가 웃으니 나도 따라 웃었다. 어머니가 행복해하는 모습에 고등학교 시절 마음고생시켜드려 무거운 내 마음이 조금은 가벼워졌다. 멀리서 와 졸업을 축하해주고 평생 추억이 될 사진을 남겨준 누나와 매형에게 활짝 웃으며 고마움을 표현했다.

만화 『공포의 외인구단』으로 잘 알려진 이현세. 그가 만화가가 된 배경을 아는가. 그는 본래 미대 지망생이었다. 어려서부터 그림에 관심이 많았고 재능이 남달랐다. 주변 사람들에게 그림을 잘 그린다는 말을 들으며 자랐다. 미대에 진학해 화가나 미술 선생님이 되는 게 꿈이었다.

미대 진학을 위해 여념이 없던 고등학교 3학년 때 자신이 '색약'이라는 사실을 알았다. 학교생활 동안 색맹검사만 했지 이후 단계인 색약 검사는 생략해 그동안 모르고 지냈다. 미대에 원서를 내려면 병원 검사 진단서를 첨부해야 했다. 미대 원서 제출 직전 병원 검사를 통해 자신이 적록 색약이라는 진단을 받고 충격에 빠졌다. 미대 원서를 찢어버리고 학교에 나가지 않았다. 한동안 술에 빠져 "다 끝났다."라며 인생을 비관했다.

어느 날 이현세에게 한 줄기 빛이 들어왔다. 만화는 다른 색상이 필요 없이 흑백만 있으면 됐다. 당시 만화는 사회적 편견이 심해 나쁜 것으로 취급받던 시대였지만 미대에 진학하지 못한 아픔이 만화라는 세계로 뛰어들 용기를 주었다.

만일 이현세가 색약이라는 암초를 만나 방황만 하다가 주저앉았다면 우리가 그의 작품을 만날 수 있었을까. 이현세는 인생의 한쪽 문이 닫혔을 때 거기서 자신의 스토리를 끝내지 않았다. 다른쪽 문을 열어젖히고 자신만의 열정적인 스토리를 이어갔다.

2019년 4월에 골프 황제 타이거 우즈는 마스터스 대회에서 우승했다. 사람들이 함성을 지르며 환호했다. '스포츠 역사상 가장 위대한 컴백'이라는 찬사가 이어졌다.

타이거 우즈의 인생은 롤러코스터였다. 어린 나이에 메이저 대회를 휩쓸었지만 섹스와 도박 스캔들로 구설에 오르내렸다. 이후 이혼의 아픔을 겪고 기업 후원도 줄줄이 끊겼다. 설상가상으로 수년에 걸쳐 허리 수술을 네 번이나 받았다. 허리 통증으로 제대로 걷지도 잠들지도 못했다. 급기야 약물에 취해 차에서 잠들어 있다가 경찰에 체포되기까지 했다. 그의 세계 랭킹은 1199위까지 추락했다. 모두가 타이거 우즈의 골프 인생은 "끝났다!"라고 단언했다.

끝을 모를 정도로 곤두박질친 타이거 우즈였기에 2019년 마스터스 대회 우승은 인생 드라마였다. 호쾌한 장타가 트레이드 마크인 그는 허리 부담을 줄이려고 스윙 자세를 간결하게 바꾸고 몸에 맞는 골프채로 교체하는 등 재기를 위해 남모를 고통을 감내해 결국 44세 나이에 화려하게 재기했다. 자신의 골프 인생이 끝나지 않고 건재함을 온 세계에 증명했다.

자신의 스토리를 계속 이어가는 사람은 시련과 역경의 파도 앞에 고개 숙이지 않는다. 넘어져도 다시 일어서려고 몸부림친다. 우울증으로 고등학교를 자퇴했을 때 주변 사람들은 재기하기 힘들 거라며 내 인생이 "끝났다."라고 말했다. 심지어 나를 피하는 사람도 있었다. 멈췄던 나의 스토리를 스무 살이 되어 이어가기 시작했다. 독학으로 고등학교 검정고시에 합격하고 꿈에 그리던 대학교에 입학했다. 거기서 멈추지 않았다. 편입이라는 도전에 성공하고 학과 수석 졸업이라는 새로운 스토리를 썼다.

"끝날 때까지 끝난 게 아니다."라는 말이 있다. 다른 사람이 뭐라 하든 자신의 능력과 이루고 싶은 꿈을 한계 짓지 마라. 사람의 잠재력은 우주 크기만큼 무한하다. 인생은 과거형이 아니라 현재 진행형이다. 방황하고 있는가. 내 인생이 끝났다는 생각이 드는가. 정신을 가다듬고 일어서라. 당신의 멋진 스토리를 인생 도화지에 계속 그려나가라. 세상이 당신의 인생 역전 스토리에 반하게 만들어라.

생각 나눔터

질문은 더 좋은 미래를 여는 열쇠입니다. 자신과의 솔직한 대화는 내면을 단단하게 다지고 자존감을 높여줍니다.

1. 나에게 힘과 용기를 준 한마디는 무엇인가? 누가 해준 말인가?

2. 갈등이 있을 때 먼저 화해의 손을 내미는가? 상대가 내게 다가오기를 기다리는가?

3. 다른 사람 말에 예민한 편인가? 다른 사람에 대해 뒷말할 때 어떤 기분이 드는가?

4. 자신을 실패자라고 생각해 본 적이 있는가? 무엇 때문에 좌절하고 넘어졌는가?

5. 예상치 못한 사건, 사고를 당해 고통스러울 때 어떻게 헤쳐나가는가?

6. 하루 중 혼자만의 시간은 언제이며, 당신만의 휴식 공간(케렌시아)은 어디인가?

7. 지금까지 살아오면서 시도한 도전은 무엇인가? 도전한 이유는 무엇인가?

8. 과거에 있었던 일에 매여 사는가? 더 나은 미래를 위해 현재에 집중하는가?

3장

변화를 즐기는 순간
나는 살아난다

01
방황했던 인생도 내 인생이다

악몽을 꾸었다. 분명 학교를 졸업했는데 '시험' 때문에 끙끙 앓고 있는 내가 보인다. 직장 출근을 안 했는데 사무실에서 연락이 없다. 직장을 그만둬 앞날이 캄캄하다. 스트레스를 심하게 받은 날이면 시험이나 직장 에피소드가 '꿈'에 등장한다. 자주 등장하다 보니 '이건 분명 꿈일 거야. 난 학교를 졸업했고 직장에 잘 다니고 있어.' 라고 꿈에서도 생각한다.

고등학교 시절에 시험이 괴물처럼 나를 쫓아다녔다. 괴물로 변한 시험이 내게 내린 저주는 불안과 우울이었다. 두려움을 못 견뎌 학교를 그만둔 사건은 쓰나미처럼 내 인생을 송두리째 쓸어버렸다. 고등학교 중퇴. 감추고 싶은 아니 지우고 싶은 흉터다. 다시 꺼내 보고 싶지 않은 일기장이다. 아내도 결혼하고 한참 지나서야 나의 아픈 과거를 알았다.

벼랑 끝에 몰린 상태에서 직장을 그만두었다. '가뭄에 말라버린 저수지'처럼 자신감이 바닥을 드러냈다. 다시는 사회에 발을 들일 수 없을 거로 생각했다. 현재 다니고 있는 직장을 구할 때까지 무거운 돌이 마음을 짓눌렀다. 오랜 눌림으로 생긴 마음 병이 완치되지 않아 여전히 내게 통증을 일으켰다.

누구나 지우고 싶은 과거가 있다. TV 예능 프로그램에서 출연자의 '흑역사를 지워주는 코너'가 눈길을 끌었다. 신인 시절 촌스러운 모습이나 과거 실수를 출연자가 털어놓으면 진행자가 주문을 외워 흑역사를 지워준다는 설정이다. 진행자는 시청자들이 모르는 출연자 흑역사를 오히려 더 들춰내 웃음을 유발한다. 부끄러운 과거를 털어놓는 출연자, 웃음으로 승화시키는 진행자, 이를 보는 시청자 모두가 즐겁다. 출연자는 아픈 과거를 얘기하며 어떻게 웃을 수 있을까. 흑역사는 말 그대로 과거이다. 출연자는 아픔을, 부끄러움을 뛰어넘었다. 과거가 밑거름되어 풍요로워진 현재를 살기에 당당하게 흑역사를 다른 사람에게 나눌 힘이 생긴 것이다.

김명희 작가는 시로 신춘문예에 등단했다. 숲에 관한 동화로 '산림청 주최 공모전'에서 대상을, 장편소설로 '직지 소설문학상' 대상을 받았다. 김명희 작가는 눈물겨운 어린 시절을 보냈다. 폐결핵·고혈압·당뇨·백내장 합병증을 앓던 아버지와 30년을 보냈다. 아홉 살 때부터 아궁이에 불을 지펴 밥을 하고 아버지 병시중을 들었다. 언니와 오빠는 객지로 떠나 연락이 끊겼다. 고등학교 입학 후 두 달만에 자퇴했다. 아버지 병원비를 위해 재봉사 보조, 칫솔 장사, 붕어빵 장사, 트럭 과일 장사 등 안 해본 일이 없다. 그런데도 돈을 조금 벌어온다며 아버지에게 발길질 당하고 욕을 먹었다.

어린 나이에 생계를 책임지는 버거움 속에서 '계속 이렇게 살 수 없다.'라는 생각에 밤잠 안 자고 공부했다. 고등학교 검정고시에 합격하고 대학에서 국문학 공부를 마쳤다. 김명희 작가는 매 맞고 자란 어린 시절, 생계를 책임지려 닥치는 대로 일했던 경험이 작품의 자양분이 됐다고 말한다. 동료 작가들은 글을 쓸 소재가 없다고 푸념하지만 자신은 모진 눈물과 한숨 쉬던 시절 등 인생 고비가 많아 글감이 넘친다고 감사해한다. '누가 알까' 낯 뜨거운 과거가 지금의 그녀를 만들었다.

희로애락(喜怒哀樂). 기쁨과 노여움, 슬픔과 즐거움을 뜻한다. 이 말을 모르는 이는 없을 것이다. 삶의 이치를 이보다 더 간결하게 표현할 수 있을까. 인생에 기쁨과 즐거움만 있을 수 없다. 화나고 슬픈 과거가 싫다고 지워버릴 수 없지 않은가. 노여움과 슬픔이 버무려져 삶의 농도가 짙어진다.

'대나무'는 생명력이 강하다. 2차 세계대전 히로시마 원폭 피해에서도 살아남을 정도다. 세계적으로 1,400종이 있고 우리나라에 14종이 있다. 그중 중국에 '모소'라는 대나무가 있다. 이 대나무는 5년 동안 땅 밖으로 솟아오르지 않는다. 마치 전혀 자라지 않는 것처럼 보인다. 답답한 나머지 기다리지 못하고 뽑아 버리는 사람도 있다. 하지만 이 대나무는 5년 동안 자라고 있었다. 뿌리를 땅속 사방으로 뻗어 성장할 기반을 튼튼히 다졌다. 그런 뒤 5년 후부터 갑자기 폭풍 성장한다. 수년 동안 몇 센티에 불과했던 모소 대나무는 6주 만에 땅 위로 15미터 이상 자라 올라간다. 대나무는 하루도 성장하지 않은 날이 없었다. 표면으로 드러나지 않아 사람들이 몰라봤을 뿐.

모소 대나무가 5년 동안 지면 위로 모습을 드러내지 않은 것처럼 고등학교 시절 3년을 땅속에 있었다. 어머니는 나를 오랫동안 기다려주었다. 나침반 없이 망망대해에서 표류하던 내게 등대가 되어 주었다. 어머니는 길 잃고 헤매던 나를 포기하지 않았다. 땅 위로 모습을 드러낼 때까지 물을 주고 햇빛을 비춰주었다.

가끔 생각에 잠긴다. '만일 중학교 3학년 때로 다시 돌아간다면 나는 어떤 선택을 할까? 고교 진학을 익산지역으로 결정하지 않았다면 인생이 어떻게 달라졌을까? 동창들처럼 전주지역 학교로 진학했으면 고등학교를 제대로 졸업하고 더 나은 삶을 살고 있을까?' 최소한 지금처럼 학창시절 트라우마로 악몽에 시달리지는 않을 것 같다. 그러다가 '만일 다른 길을 선택했다면 아내를 만날 수 있었을까?'라는 생각이 번개처럼 스친다. '아차' 하고 오른손으로 머리를 친다. 내 옆에 아내가 아닌 다른 사람이 서 있는 장면은 상상이 안 간다. 아내 옆에 다른 사람이 있는 모습은 꾸고 싶지 않은 악몽이다.

성경에 "모든 것이 선하매 감사함으로 받으면 버릴 것이 없다."라는 말이 있다. 인생에 버려지는 날은 단 하루도 없다. 희로애락 모두 의미 있다. 노(怒)와 애(哀)가 당시에는 '왜 이런 일이 내게 일어났을까?' 이해 안 되고 고통스럽겠지만 의미 있는 그림을 완성하기 위해 꼭 필요한 퍼즐이 된다.

주변에 실패자로 보이는 사람이 있는가. 속단하지 마라. 그 사람은 자라고 있다. 땅속으로 뿌리를 내리며 뻗어가고 있다. 자신의 날개를 펴고 비상할 때를 준비하는 중이다. 방황은 멋진 미래를 위한 자양분이며 다른 세계에 도전케 하는 원동력이다. 방황은 끝이 아니라 새로운 시작이다.

고등학교를 제대로 졸업하지 못한 사실은 아내에게도 감추고 싶은 비밀이었다. 내 인생이 아니라고 부인하고 싶었다. 인생 스케치북에서 뜯어내고 싶은 잘못 그린 그림이라고 여겼다. 하지만 그 시절은 헛되지 않았다. 지금의 나를 있게 한, 나를 단단하게 다져준 나날이었다. 작은 일에도 감사하는 마음과 오뚝이처럼 다시 일어설 수 있는 긍정을 가르쳐준 스승이요, 내 삶에 없어서는 안 될 든

든한 디딤돌이 되었다. 이제는 어깨를 활짝 펴고 세상에 외치고
싶다.

"지난날 방황했던 인생도 내 인생이다."

02
더 이상 내려갈 수 없을 때 안정이 된다

"승진 안 할 거야?"

조직에 몸담고 있는 직장인은 이 말에서 자유롭지 못하다. 승진할 차례가 되면 눈치를 살피며 잘 보이려고 애쓰는 게 인지상정이다. 10년 전 일이다. 연초 승진 인사발령을 앞두었다. 직장 근무 기간으로 보면 내가 승진할 차례여서 은근히 기대했다. 오전에 발표하기로 한 인사발령 공지가 오후로 미뤄졌다. 속이 타 업무에 집중할 수 없었다. 퇴근 무렵 결과를 들었다. 승진한 후배가 지나가면서 멋쩍은 표정을 지었다. 직장생활하며 처음 마신 고배가 무척이나 썼다. 표정 관리가 안 되었다. 직원들 시선이 신경 쓰였다.

승진 인사 발표가 난지 며칠 후 아들이 태어났다. 안쓰럽게 나를 쳐다보던 직원들 시선이 '축하'한다는 말로 바뀌었다. 아기를 품에 안고 무거운 마음을 털어버렸다. 아들은 태어날 때부터 효자였다. 아빠가 직장에서 마음 둘 곳 없을 때 이 땅에 태어나 큰 기쁨을 주었기 때문이다. '큰 은혜'라는 아들 이름 뜻처럼 나는 아이가 태어난 큰 은혜를 힘입어 직장생활을 다시금 이어갈 동력을 얻었다.

한 해가 흘러 다시 인사철이 되었다. 한번 아픔을 겪은 터라 '이번에도 안되면 어떡하지? 승진 안 되면 창피해서 더 다닐 수 있을까?' 한숨이 절로 나왔다. 승진 인사발령 공지가 사내 게시판에 올라왔다. 고개를 숙인 채 퇴근했다.

남편 승진 문제로 아내도 스트레스를 받았다. 아내 얼굴 보기가 미안했다. '더 다녀야 하나?' 심경이 헝클어져 풀 수 없는 실타래 같았다. 거실에서 아내와 힘없이 얘기를 나누고 있었다. 작은방에서 놀고 있던 두 살 된 아들이 "아바 아바"하며 내게 다가와 안겼다. 그러더니 오른손으로 아빠 어깨를 '토닥토닥' 두드려 주었다. 마치 아빠 마음을 알고 위로하듯. 참 놀랍고 대견했다. 태어난 순간부터 효자였던 아이. 내 어깨를 두드려 준 아들 오른손이 내 심장에 영원히 새겨졌다.

경찰 세계에서는 부하직원이 상사에게 밥을 사는 게 관행이라고 한다. 2000년에 어느 기자가 식사 자리에서 지인 경찰이 취중에 한 말을 통해 그 사실을 알았다. 지인 경찰은 윗사람 밥값, 술값을 대신 내느라 돈 때문에 힘들다며 푸념했다. 올해 경찰청에서 '더치페이' 캠페인을 하고 있다. 상관에게 밥을 사는 문화가 예전과는 달라졌다고 한다. 하지만 캠페인까지 할 정도면 경찰 조직에 뿌리깊게 박힌 그 관행이 여전히 이어지고 있다는 말 아니겠는가.

영화 〈극한직업〉에서 승진을 향한 경찰의 집착이 그려진다. 상관이 만년 반장에게 던지는 "승진 안 할 거야?"라는 대사는 승진 문제로 조직의 쓴맛을 보고 있는 대한민국 직장인들 가슴을 후벼 판다.

직장 후배에게 들었다. 기간제로 근무하는 직원이었다. 그해에 무기계약직 전환 심사를 앞두었다. 부서장이 "이번에 전환 대상이지?"라는 말을 지나가면서 흘렸단다. 후배는 야근까지 하며 성실히 근무했다. 부서장이 흘린 한마디에 꼼짝 못 했다. 열심히 일하면 부서장이 힘써줄지 모른다는 기대를 품었다. 그 후배는 지금 같이 근무하지 않는다. 고향으로 돌아가 힘든 구직생활 끝에 다른 직장을 다닌다. 나도 후배에게 그 말을 던진 부서장에게 비슷한 말을 들었다. "승진할 때 됐지?" 나 역시 이 말이 신경 쓰였다. 혹시나 하는 마음에 자세를 바짝 엎드렸다.

예전 일기장을 들여다보다가 이 대목에서 눈이 멈췄다.

2011. 2. 12.

두 번 승진에서 밀렸다. 자신에게 물어본다. 어떤 심정으로 직장에 다니는가? 내 집 마련 위해 은행에서 빌린 대출금을 갚으려고 어쩔 도리 없어 다니는가? 위축되어 소극적으로 직장 생활하고 있지는 않은가? 마음 소리에 귀 기울이며 다짐해본다. 주어진 상황에 성실하자. 묵묵히 이 시기를 보내자. 이 또한 지나갈 테니.

상사가 지나가며 직원에게 무심코 던지는 말. "승진해야지? 올해 승진할 차례지? 승진 안 할 거야?"라는 소리를 듣는 직원의 영혼은 황무지처럼 피폐해진다. '계속 직장생활을 해야 하나'라는 회의감에 잠 못 이룬다.

연말이 되면 잠을 뒤척인다. 인사철이 가까워지면 마음이 싸늘해지고 온몸에 한기가 느껴진다. 마음 졸이며 '승진' 깃발을 바라본다. 세 번째 물을 먹었다. 승진 명단에서 빠진 다음 날 화장실에서 기관장과 마주쳤다. 기관장 표정이 머쓱해 보였다. 나에게 선심 쓰듯 "다음엔 잘 될 거야." 한 마디 던진다. 기관장은 임기 말이었다. 그 말을 남기고 며칠 후 임기를 다 채우지 않은 채 다른 공공기관 기관장으로 자리를 옮겼다. 기관장이 한 말이 생각나 쓴웃음이 지어졌다. 직장 건물 밖으로 나와 하늘을 쳐다봤다. 긴 숨을 들이마시고 내뱉었다. 찬 바람을 맞으며 마음속 열을 가라앉혔다.

그렇게 4년을 보냈다. 다시 연말이 되었다. 더 이상 내려갈 때가 없었다. 마음을 내려놓고 기도했다. "승진에 집착하지 않겠습니다. 이번에도 안 되면 다른 길을 열어주세요." 하늘이 내 기도에 귀를 기울였나 보다. 더 다닐 수 있게 되었다. 퇴근하고 집 초인종을 눌렀다. 긴장한 아내가 내 안색부터 살폈다. '윙크'를 날리는 나를 보며 아내가 안심하는 웃음을 짓는다. 자녀를 안아서 하늘 높이 올려주었다. 그해 연말은 잠자리에서 뒤척이지 않았다.

내려가면 초조해진다. 조금 더 떨어지면 '이러다가 잘못되는 거 아냐?'라는 불안에 사로잡힌다. 하지만 더 이상 내려갈 수 없는 바닥까지 내려앉으면 오히려 안정된다. 집착하고 움켜쥐고 있던 손을 폈기 때문이다.

'바둑황제' 조훈현 9단은 31세인 1984년에 이창호를 제자로 받아들인다. 그 후 1990년 최고위전에서 15살인 이창호에게 3대 2로 지고 만다. 그다음 해에 이창호는 7관왕, 조훈현은 4관왕이 된다. 그러더니 1995년에 조훈현 9단은 무관 신세까지 내려갔다. 놀랍게도 더 이상 내려갈 수 없는 자리까지 떨어진 그 날 조훈현 9단 마음에 평화가 찾아왔다. 그는 "지키려고 할 때는 그렇게 힘들었는데 막상 다 잃어버리니 자유롭습니다."라며 홀가분한 마음을 드러냈다.

지금 무엇이 당신을 꼼짝 못 하게 사로잡고 있는가? 누가 당신을 툭 던진 한마디로 옭아매는가? 하나만 생각지 말고 '관점 각도'를 틀어보라. 밑바닥까지 내려간 경험은 돈 주고 살 수 없는 소중한 보물이다. 성공 가도를 달리며 정신없이 고공 승진하는 사람은 주변을 볼 여유가 없다. 오히려 더 이상 내려갈 수 없는 자리까지 내려가 '내 힘으로는 아무것도 할 수 없구나.'라고 인정한 자가 하늘을 처다볼 여유가 생기고 생각과 마음에 변화를 꿈꿀 수 있는 틈을 얻는다. "이거 아니면 안 된다. 이 길만이 살길이다."라고 고집하지 마라. 마음을 비우고 변화를 즐기는 순간 나는 다시 살아난다.

03
인생은 전쟁터가 아닌 배움터

딩동.

초인종 소리에 아파트 현관문을 열었다. 문밖에 한 남자가 서 있었다. 일그러진 표정이었다. 밤 11시 30분이었다.

부부가 저녁에 외출했다. 초등학교와 유치원에 다니는 아들 둘을 집에 남겨둔 채. 아이들만 집에 두고 나와 마음에 걸린 아내는 동생에게 전화를 걸어 집에 와 아이들 좀 봐줄 수 있냐고 부탁했다. 자녀 둘을 데리고 온 동생이 몇 시간 동안 아이들 네 명을 돌봤다. 부부는 밤 9시 반에 집에 돌아왔다. 부탁을 들어준 동생이 고마워 밤이 늦었지만 통닭 파티를 열었다. 그때까지 1층에 사는 '이웃 마음'을 헤아리지 못했다.

초인종을 '딩동' 하기까지 이웃은 얼마나 마음을 누르고 또 눌렀을까. "지금 시간이 몇 시입니까?" 아랫집 이웃의 목소리가 날카로웠다. 연거푸 죄송함을 표현했지만 감정이 폭발한 상대방 마음을 가라앉히기 쉽지 않았다. 순간 '욱'하고 올라왔다. "여러 번 사과했는데 왜 계속 소리를 질러요?"라며 같이 목소리가 커지고 말았다. 아래층 이웃은 한 발 더 나갔다. 밖으로 따라 나오라고 했다. 아파트 공터로 자리를 옮기자 이웃이 던진 첫 마디였다.

"당신, 지난번에 왜 우리 집에 내려왔어?"

몇 달 전 성탄절 전날 밤에 아래층에 내려갔다. 자정이 넘어 문을 '쾅' 닫는 소리와 고함에 자던 아이들이 깨어났다. 순간 아파트 밖으로 나갔다. 1층만 불이 켜져 있음을 확인하고 아랫집 문을 노크했다. 아이들이 자다가 깼으니 조금만 조용히 해 달라고 정중히 부탁했다.

아래층 이웃은 '적반하장'을 말하고 있었다. 자기 애들도 뛰며 이웃에 피해를 주면서 예전에 자기 집에 내려온 사실에 분노했다. '당신'이라며 반말하는 이웃에게 소리를 질러댔다. 한참 심한 말을 주고받았다. 순간 '위아래층 이웃인데 이렇게 얼굴 붉혀 앞으로 어떻게 지내나?'라는 생각이 스쳤다. 상대방도 비슷한 생각이 든 모양이다. 아까는 말이 심했다며 다툼에 마침표를 찍고자 애쓰는 모습이 역력했다. "다음에 식사 한번 같이하시죠?"라며 서로 인사하고 한밤중 일어난 '전쟁'을 마무리 지었다.

이 일은 후배가 내게 들려준 경험담이다. 아파트 층간소음 문제로 아래층 이웃과 싸우고 며칠이 지났는데도 마음이 '전쟁터' 같다며 답답한 마음을 토로했다. 후배 얘기를 들으며 신혼 때 내 모습이 떠올라 얼굴이 화끈거렸다. 자녀가 없던 시절이었다. 며칠 동안 위에서 들리는 '쿵쿵'거리는 소리가 거슬렸다. 신발을 신으려는 나를 아내가 여러 번 말렸다. 결국 위층에 올라가 초인종을 눌렀다. 위층 이웃이 하는 말이 자기 집에는 아이가 없단다. 다세대주택은 소음 진원지를 찾기가 어렵다. 집에 들어가 확인할 수도 없어 머리를 긁적이며 내려왔다. 관리소장을 찾아갔다. 관리소장은 나중에 아이가 생기면 입장이 바뀔 수 있느니 불편하더라도 조금만 참아 달라고 부탁했다.

지금은 초등학교에 다니는 자녀가 둘이다. 아들과 딸이 집에서 술래잡기하며 뛴다. 화들짝 놀라 아이들을 바라보며 내 입술에 손을 갖다 댄다. 이상하게도 아래층에 사는 이웃이 자주 바뀐다. "우리 때문에 이사 가는 건 아니겠죠?" 아내가 멋쩍게 웃는다. 자녀가 없던 신혼 시절을 떠올리면 말문이 막힌다. 그때는 피해자라고만 생각했다. 아이 가진 부모 처지에서 생각 못 했다.

역지사지(易地思之). '다른 사람 처지에서 생각하라.'라는 말이다. 자녀가 없을 때는 위층 아이 뛰는 소리에 입에서 안 좋은 말이 나왔다. 자녀를 키우면서 아래층 이웃이 올라올까 봐 심장이 쪼그라든다. 처지가 180도 뒤바뀌었다. 후배 경우도 마찬가지였다. 몇 달 전 아래층 소음으로 내려갔는데 이번에는 뛰는 소리에 못 견뎌 아래층에서 올라왔다. '내려가고 올라오고' 이렇듯 살면서 내 입장과 상황은 수시로 변한다. 운전자일 때와 보행자일 때 입장이 완전히 바뀌듯 내가 언제 어떤 처지가 될지 모른다.

추석을 며칠 앞두고 있었다. 온 가족이 들뜬 마음으로 세종시를 가려고 길을 나섰다. 명절 음식을 함께 만들며 웃음꽃 피는 시간을 보낼 목적으로 형 집에 가는 길이었다. 예전에 몇 번 가본 적 있었지만 형이 일러준 새 길로 가려고 내비게이션을 검색했다. 연휴를 앞두고 마음이 홀가분했다. 가족과 여행 가는 기분이 들었다. 신나는 음악을 들으며 한참을 가다가 '세종 직진'이라는 안내판을 보았다. 동시에 내비게이션은 오른쪽으로 가라고 안내했다. 머리는 직진이었는데 순간 오른쪽으로 운전대를 돌렸다. '아차' 싶었다. 도로 안내판대로 직진했으면 목적지에 곧 도착했을 텐데 조치원 방향 시골길로 한참을 돌고 돌았다.

1차선을 따라 다리 위를 지났다. 내비게이션 안내를 따라 직진하려던 참이었다. 갑자기 2차선 차량이 좌회전을 하다가 내차 앞에서 멈췄다. "어어!" 하다가 앞차 왼쪽 뒤 범퍼에 살짝 닿고 말았다. 부딪힌 건 아니었다. 말 그대로 '닿기만' 했다. 차 밖으로 나왔다. 상대방 차주도 차 밖으로 몸을 빼며 "좌회전 차선인데 직진하면 어떡합니까?"라며 얼굴을 찡그렸다. 1차선, 2차선은 좌회전 차선임을 그때 알았다. 전적으로 내게 과실이 있다고 판단했다.

사과하고 상대 차량 상태를 확인하니 약간 긁힌 정도였다. 자녀 포함에서 양쪽 차량 모두 4명씩 타고 있었다. 상대방은 별일 아니라는 듯 단골 카센터에 가서 수리하자고 했다. 수긍하고 따라가는데 상대방에게서 전화가 왔다. 명절 준비로 시장에 장 보러 가던 길이니 명절 후에 연락 주겠단다. 명절 전에 합의하고 깔끔하게 끝냈으면 했는데 꼬여가는 모양새에 마음이 꺼림칙했다.

명절 연휴 내내 마음이 찜찜했다. 친척들을 만나도 웃음이 안 나왔다. 차에 눈에 띄는 상처가 났다. 그 상처를 바라보는 내 마음이 쓰라렸다. 10년 넘게 탄 차를 처분하고 형 도움을 받아 몇 달 전에 큰맘 먹고 구입한 새 차였다. 명절 후 보험회사 직원에게 상대 차량 부부가 병원 통원치료를 시작했다는 전화를 받았다. 입이 벌어져 통화 중 잠시 정적이 흘렀다.

"사고가 치료까지 받을 정도는 아니었는데요."

"그러게 말입니다. 블랙박스를 확인했는데 그냥 넘어가도 될 정도로 가벼웠습니다."

보험료가 할증될 거라는 '친절한' 설명을 들으며 통화를 마쳤다. 내 책임 과실이 100%이니 상대방 과잉진료를 감내하자고 마음먹었다. 사고 책임 과실 결과가 나왔다. '이게 웬일인가?' 일방과실이 아니었다. 상대에게도 10% 과실이 인정됐다. 보험회사에서 다시 연락이 왔다. 상대방 부부가 통원치료를 마무리해서 합의금으로 1인당 56만 원씩 입금해줬단다. 보험회사 직원은 합의 과정에서 상대방의 지나친 요구에 스트레스를 받았다고 했다. 통화가 끝날 즈음 상대에게도 10% 과실이 있으니 사고 후유증 치료 차원에서 병원에 가보라고 내게 권했다. 상대방이 가입한 보험회사에서 처리해준다며.

사고로 자녀가 크게 놀랐다. 아내와 나도 사고 처리 과정에서 적잖은 스트레스로 두통이 심했다. 한의원 치료를 시작했다. 치료를 시작한 지 며칠이 지나 상대측 보험회사 직원이 내게 연락해 치료 상황을 확인했다. 상대측 보험회사가 움직이기 시작한 것이다.

'이게 웬 코미디인가?' 우리 가족이 치료를 시작했다는 말에 상대방이 합의금을 보험사에 돌려주고 자녀까지 포함해서 치료를 다시 시작했다고 한다. 양쪽 보험사 담당 직원 모두 상대 차주의 '막가파식' 일방통행에 혀를 내둘렀다. 십 년 넘게 보험업에 몸담았지만 이렇게 갈 데까지 간 사람은 처음이라 했다. 상대측 보험사 직원도 내 편을 들기 시작했다. 자기 고객인 상대 차주에게 "이렇게까지 하시면 안 됩니다."라고 말할 정도였다. 상대측 보험사 직원은 나와 합의하려고 최대한 성의를 보였다. 병원 치료비는 물론 합의금까지 제시했다. 양쪽 보험사 직원이 이구동성으로 말했다. 상대방이 자신에게 전혀 과실이 없다고 판단해 과욕을 부리다 결국 자신 보험료가 할증되는 손해를 보았다고.

사람 마음은 수시로 변한다. 당장은 "괜찮다."라고 하다가 돈이 보이면 욕심이 생긴다. 몇 주 동안 담당 보험사 직원에게 전화를 수십 통 받았다. 합의 과정이 '전쟁' 같았다. 하지만 '과욕은 손해를 부르고 물러서면 주변이 내 편이 된다.'라는 배움을 얻었다.

살면서 갈등은 피할 수 없다. 사람마다 살아온 배경, 사고방식, 가치관이 다르다. 내가 불편을 줄 수 있고 누구 때문에 불편을 느낄 수 있다. 피할 수 없는 갈등은 어떻게 푸느냐가 중요하다. 화해 과정에서 엉킨 실타래를 인내심을 가지고 풀어야 한다. 잘못한 점이 있다면 상대방에게 진심을 담아 사과해야 한다.

'적반하장' 격으로 내가 잘못해 놓고 큰소리치기는 쉬워도 다른 사람 처지에서 생각하는 '역지사지'를 실천하기는 쉽지 않다. 보이는, 보이지 않는 전쟁을 치르며 사는 게 인생이다. 하지만 어려움 속에 숨어있는 '기회'를 발견하는 눈을 가져야 한다. 전쟁 속에서도 아름다운 꽃은 피어난다. 우리는 부딪힘, 갈등, 해소 과정을 반복하는 동안 타인 고통에 공감하는 법을 배우며 성숙해진다. 생을 마감할 때까지 인생은 '전쟁터'가 아닌 '배움터'인 이유이다.

04
좋은 사람 연기는 이제 그만

"아빠, 집밖 모임 때처럼 집에서도 분위기 메이커가 되어 주세요."

초등학생인 아들이 식사 중 지나가듯 한마디 던졌다. 순간 몸이 굳고 말문이 막혔다. 아이 눈은 정확해 속일 수 없다. 아이 말에 변명해서는 안 된다. 자녀에게 잘못한 부분은 사과해야 한다.

운동, 친척, 교회 등 가족과 같이 참여하는 모임이 다양하다. 모임 분위기가 어색하면 못 견딘다. 어느 모임에 가든 밝고 유쾌하게 모임을 주도하는 나를 발견한다. 사람이 모이면 '긍정적인 에너지가 넘치고 즐거워야 한다.'라는 의무감이 언젠가부터 생겼다. 예능 프로그램을 시청하는데 한 개그맨이 밖에서 웃기려 애쓰지만 집에서는 거의 입을 다물고 있다고 말했다. 그에게 개그, 유머는 직업적인 행위이다. 집에서만은 꾸며진 이미지가 아니라 있는 모습 그대로를 드러내며 쉬고 싶은 심리이다.

'나에게도 그런 모습이 있구나.'라는 깨달음을 얻는다. 밖에서 좋은 모습만 보이려 하고 집에서는 민낯을 드러내니 아이 보기에 아빠가 이중적인 사람으로 느껴질 수 있겠다. '왜 밖에서 좋은 모습만 보이고 싶을까?' 자문하며 스물한 살 때 쓴 일기장으로 나를 찾는 여행을 떠난다.

1996. 3. 18.

왜 이리 허전하고 불안할까? 마음터 놓고 지낼 누군가가 필요하다. 속마음을 나눌 사람이 없다. 나의 불안정한 모습을 주변 사람에게 드러내면 그들이 나를 수용하지 않고 거부할까 봐 두렵다.

나를 감추고 다른 모습으로 행동한다. 내 생각과 감정을 나타내기보다 남에게 맞춰 주는 게 편하다. 내가 다른 사람에게 맞춰 주려고 존재하는 듯하다. 언제쯤 있는 모습 그대로 나를 표현할 수 있을까?

23년이 지나 누렇게 색이 바랜 일기장을 넘기며 마음이 먹먹해진다. '그때 내 마음이 이랬구나. 나를 보듬어 줄 사람을 간절히 찾아 헤매었구나.' 고등학교 시절을 홀로 보냈다. 홀로 있으면 망상이 나를 괴롭혀 혼자되는 게 두려웠다. 옆에 함께 있을 사람이 필요했다. 누군가와 사소한 갈등이라도 생기면 그 사람이 떠날까 봐 안절부절못했다. '괜히 내 생각을 얘기했구나. 감정을 드러냈구나. 그냥 넘어갈걸.' 불안정한 마음이 나를 다른 사람에게 매달리게 했다. 내 옆에 누군가를 머물게 하려면 기분과 감정을 다른 사람에게 맞춰줘야 했다. 그 사람이 기분 좋고 즐겁도록. 지금도 다른 사람이 기분이 좋아야 안심이 된다. 다른 사람이 편해야 내 마음이 편하다.

모임에 새로운 사람이 오면 저절로 시선이 간다. '처음 모임에 와서 어색하지 않을까?' 신경이 쓰인다. 먼저 다가가서 인사하며 앉을 자리를 살펴준다. 소외감을 느끼지 않도록 옆에서 말을 건넨다. 얼굴빛이 편안해지는 상대방을 보며 마음이 놓인다. 두세 번 살갑게 소통하면 그 사람은 모임에 적응한다. 나는 다시 모임에 처음 온 사람을 찾아간다. 그러다가 점점 지쳐가는 나를 마주한다.

타인에게 맞춰 주는 모습이 습관이 되었다. 그들에게 좋은 이미지를 주고자 표정과 말투를 관리했다. 그러다 보니 과장된 몸짓이 많았다. 웃기지 않아도 입을 크게 벌려 웃고 공감이 안 돼도 물개 박수를 치며 공감하는 척했다. 밖에서 '괜찮은 척, 좋은 사람인 척' 하며 힘을 소진했다. 집에 돌아와서는 '척'을 내려놓고 긴장을 푸니 정돈되지 못한 모습이 노출됐다. 그런 나를 보며 어머니는 "밖에서는 천사인 척하면서 집에서는 왜 그러느냐?"라며 한숨 지었다.

결혼하고 나서는 아내와 자녀를 한숨짓게 했다. 유쾌하게 모임 마치고 돌아오는 차 안에서 '욱'하거나 집 현관에서 신발을 벗기도 전에 모임에서 가족 언행 중 불편하게 느꼈던 점을 지적했다. 가족은 그런 나를 침묵으로 대응한다. 잠시 후면 내가 잘못했다고 스스로 인정함을 여러 번 경험했기 때문이다.

상담심리전문가인 한기연은 『이 도시에 불안하지 않은 사람은 없다』에서 "관계에 매달리면 자신을 잃는다. 상대 반응을 살피기보다 내 마음속 소리에 귀를 기울여야 한다."라고 조언한다.

내 감정이 오랫동안 억압됐다. 억압된 나와 직면하지 못하고 도망갔다. 마치 고등학교 시절에 시험이 두려워 피했던 10대 시절의 나처럼. '착한 아이 콤플렉스'에 시달렸다. 타인에게 맞춰 주는 게 습관이 되어버린 나는 사람들과 관계 속에서 그저 '착한 아이'가 되려고 바둥거렸다.

나는 연말 시상식에서 대상을 받은 탤런트처럼 훌륭한 연기자가 못 된다. 끝까지 '포커페이스'로 감정을 숨기는 데 실패한다. 둑에 조그만 구멍이 생기면 손가락으로 막고 더 커지면 주먹으로 막는다. 결국 몸으로 막다가 어느 시점이 되면 둑이 터져버린다. 감추고 누른 감정이 온몸을 던져도 막을 수 없을 정도로 폭발할 때가 온다. 주변 사람들이 놀란다. 평소와 다른 모습에 나를 이상하게 여긴다. 그리고 멀어진다.

주변 사람에게 좋은 면만 일관되게 보여주려는 사람은 스스로를 지치게 한다. 억눌린 감정이 언제 터질지 모른다. '착한 아이'로 계속 남기는 불가능하다. 계속해서 나를 숨기면 주변 사람도 자신도 불행해진다. 감정과 욕구를 감추는 행위는 나를 갉아먹는다. 떠날 사람은 아무리 내가 좋은 사람인 척 몸부림쳐도 떠난다. 헛심을 빼지 말라. 불필요하게 에너지를 소모할 필요 없다. 관계 속에서 느끼는 다양한 감정을 드러내는데 자유로움을 느껴보라. 서운할 때는 원하는 바를 요구하고 아플 때는 어디가 아픈지를 말하고 슬플 때는 왜 슬픈지를 표현해보라.

좋은 사람 연기는 이제 그만해라. 남들이 원하지 않는 나만의 강박관념에 사로잡혀 하나의 모습만, 좋은 모습만 보이려는 '착한 아이'가 되기를 포기해라. 무지갯빛처럼 다채로운 나를 보여주자. 'Show your true colors!'라는 영어 표현처럼 '그게 바로 나'라며 본모습을 용기 내어 보여주자. 누가 아는가. 주변 사람들이 진짜 내 모습을 더 좋아할지.

05
지금 필요한 것은 자신을 존중하는 마음

문득 그리워졌다. 어린 시절 운동장에서 뛰어놀기 좋아하고 활기찼던 내 모습이.

어릴 때부터 누가 시키지 않아도 스스로 공부하는 학생이었다. 중학교를 수석 입학한 이후 부모님과 주변 사람의 기대가 컸다. 선생님의 주목을 받았다. 기대와 주목을 받을수록 계속 1등을 해야 한다는 압박감이 밀려왔다. 시험에서 한 문제만 틀려도 입맛이 없었다. 공부 1등이라는 목표가 삶에서 가장 큰 비중을 차지했다. 내가 존재하는 의미가 남을 '앞서감'이 아니라 '나다움'에 있는 줄 몰랐다. 자신을 모질게 대해 내면이 병들어갔다. 성적은 좋았어도 자신을 존중하는 마음이 낮았다.

고등학교 입학 후 세상이 달라졌다. 중학교에 다닐 때까지 '우물 안 개구리'였다. 우물 밖에 나와 보니 뛰어난 학생이 넘쳤다. 고등학생이 되어서 중학생 때처럼 크게 주목받지 못했다. 그 현실이 받아들이기 힘들었다. 고등학교 시절의 좌절이 열등감을 불러왔다. 열등감은 피해 의식을 낳았다. 실제 없는 일을 있는 듯 망상했다. 쉽게 비약하고 결론을 내렸다. 타인의 작은 지적을 민감하고 예민하게 받아들였다.

아프고 힘들었던 시절의 나와 마주하는 일은 용기가 필요하다. 영화 〈위대한 쇼맨〉을 보며 가슴 시리게 와닿았던 부분은 기형적인 외모를 지닌 서커스 단원들 고백이었다.

"부모조차 부끄럽다고 숨긴 우리를 당신이 세상 밖으로 꺼내줬어요."
"그래. 이게 바로 나야!"

눈을 감았다. 열등감과 피해 의식에 사로잡혀 있는 내면의 '어린아이'를 세상 밖으로 꺼내주려고 손을 뻗었다. 마음에 파도가 일며 통증이 느껴졌다. 어루만져도 통증이 쉬이 가라앉지 않았다. 상처에 얼룩지고 쓴 뿌리로 뒤엉켜 있는 내면의 '어린아이'와 지금이라도 화해하고 싶다.

정신건강의학과 전문의인 이선이는 『마음앓이』에서 "자존감은 다른 사람이 대신해줄 수 없다. 다른 사람과 비교하지 말고 자신만의 개성과 특징을 살펴봐야 한다."라고 말한다.

고등학교 시절 신경정신과 상담 치료를 받았다. 치료를 받는 내가 초라하게 느껴졌다. '어쩌다 이곳까지 왔을까?'라고 자책했다. 고등학교도 적응 못 하고 남들처럼 살지 못하는 연약한 내가 싫었다. 상담 의사가 해준 조언이 떠오른다.

"공부 말고 좋아하고 잘하는 분야를 종이에 적어보렴. 삶의 가치에서 크게 차지하는 공부 비중을 낮춰 다른 것들도 삶에 들어올 수 있도록 문을 열어주는 게 어떠니?"

딸이 내 방문을 두드렸다. 한참 무언가에 집중하고 있던 참이었다. 딸을 향해 고개 돌리며 "왜 그러니?"라고 급히 묻는다. 딸은 말을 머뭇거린다. "아빠, 사랑해요." 하고 몸이 방문 밖으로 쏙 빠져나간다. 막상 딸이 나가니 마음에서 소리가 들린다. '하던 일을 멈추고 아이에게 가봐라. 꼭 무슨 일이 있어 아빠에게 온 게 아니야. 그저 아빠 옆에 있고 싶은 거야.' 딸아이 방으로 걸음을 옮겨 방문을 두드린다. "아빠가 얘기 잘 들어주지 못해 미안해." 딸을 10초 동안 품에 안는다. 벽에 등을 기대고 나란히 앉아 딸아이 얘기를 듣는다. 학교에서 좋았던 일, 슬펐던 일을 노래 부르는 새처럼 재잘재잘 쏟아낸다. 마치 어린 시절 내가 어머니에게 그랬듯이.

자녀와 대화를 나누다 보면 아이들 입에서 "나는 잘 못 해요."라는 말이 흘러나온다. 잘하는 게 많은데도 자신 없어 한다. "아빠가 생각할 때 제가 잘하는 게 뭐예요?"라고 물어본다. 아이들이 잘하는 점을 구체적으로 얘기해준다. 그림 그리기, 글쓰기, 만들기, 태권도. 평소 자녀에게 칭찬을 자주 하고 긍정적으로 말하도록 도와주고 있다고 생각했다. 하지만 자녀가 자존감이 낮은 모습을 보일 때면 마치 내 모습을 보는 것 같아 가슴이 철렁 내려앉는다.

자신을 돌아본다. '아이들을 사랑한다고 말하지만 표정과 행동은 아이들을 존중하지 못할 때가 있구나.' 아빠 곁에 머물고 싶어 방문을 두드린 딸에게 급히 대하는 모습처럼 말이다. 여유를 가지고 마음으로 자녀를 대할 때 자녀는 아빠 표정만 봐도 자신이 존중받고 있음을 느낀다. 자녀의 자존감이 높고 낮음은 부모 책임이 크다. 자녀가 내게 "제가 잘하는 게 뭐예요?"라고 물었듯 아내에게 내가 가진 장점이 뭔지 넌지시 물었다. 아내가 머뭇거림 없이 답해준다.

- 모임에서 유머로 어색함 풀어주기
- 때에 맞게 다른 사람을 칭찬과 격려하기
- 누구와도 함께 즐길 수 있는 탁구 실력
- 외국인과 당당히 대화할 수 있는 영어 회화 능력

결함투성이가 아니라 다채로운 모습의 나를 발견하기 위해서는 근시적으로 자신을 바라보던 시선을 저 멀리 바다까지 넓혀야 한다. 어느 누구나 별처럼 빛나는 보석이 내면에 가득하다. 잊고 있던 내 가치를 발견해야 자존감이 회복된다. 그동안 외면해온 보석을 꺼내 쌓인 먼지를 털고 닦아주어야 한다.

임상심리학자인 폴 호크는 『왜 나는 계속 남과 비교하는 걸까』에서 "건강한 자아상과 그렇지 못한 자아상의 차이는 자신을 있는 그대로 받아들이는가, 아니면 자신을 싫어하는가의 차이다."라며 '자기수용'의 중요성을 역설한다.

타인이 범한 실수에 대해 예의를 갖춰 조심스럽게 말하듯 잘못한 자신을 몰아붙이지 말아야 한다. '내가 그렇지 뭐. 나는 원래 이래.'라는 자책에 선을 그어야 한다. 실수를 반복하더라도 지금까지 열심히 살아온 자신을 안아주고 잘하는 점이 있음에 감사하자. 나를 싫어하는 사람이 있을지라도 내가 있어 행복하고 즐거워하는 사람도 분명히 있다는 사실을 기억해야 한다.

이제는 누군가를 앞서야 한다는 강박증에서 벗어나라. 넘어져 있는 자존감을 손잡아 일으켜주라. 자존감이 땅에 깊게 뿌리내릴 때 인생 나무에 건강한 열매가 주렁주렁 열린다. 나를 진정으로 존중하고 사랑하는 사람만이 다른 사람을 내 삶 속에 받아들이고 인정할 수 있다. 자기 전에 거울을 보며 오늘도 수고한 자신에게 "애썼다. 사랑해."라고 고백해보자. 자신을 스스로 아낄 때 다른 사람도 나를 존중한다.

06
나이 들어 병약해진
부모를 사랑할 수 있습니까?

"병태야, 엄마가 쓰러지셨어. 전주 예수병원 응급실에 계셔."

부서 직원과 점심을 먹고 일어서다 문득 쳐다본 휴대폰에 셋째 누나가 보낸 문자가 들어와 있었다. 부재중 전화 몇 통과 함께. 놀란 가슴부터 가라앉혔다. 상황을 팀장에게 얘기하고 전주로 차를 몰았다. 쿵쾅대는 가슴을 주체할 수 없었다. 병원 주차장에 들어섰다. 응급실에 뛰어 들어가니 형이 먼저 와 있었다. 형은 나를 한쪽으로 부르며 어머니 상황을 설명해 주었다. "오늘 새벽에 뇌경색으로 쓰러지셨다. 의사끼리 하는 말을 들으니 왼쪽 팔과 다리에 마비 증세가 있단다. 마음 준비 단단히 해라."

4년 전 구정 명절을 앞두고 발생한 일이다. 명절 부침개를 함께 만들기로 약속한 이웃집 할머니가 오전 11시경 집에 들렀다가 죽음 문턱에서 몸부림치는 어머니를 발견해 119에 전화를 걸었다. 구급차로 병원 응급실에 옮겼지만 의료진이 조치할 수 있는 골든타임은 한참 지난 뒤였다.

며칠 후 어머니는 응급실에서 일반 병실로 자리를 옮겼다. 5남매는 그때부터 고민하기 시작했다. 어머니를 어느 지역 재활병원에 모시느냐가 핵심이었다. 내심 어머니를 대전으로 모시고 싶었지만 막내인 나는 누나들과 형의 결정을 기다렸다. 형제들은 상의 과정에서 의견이 갈려 내 생각을 물어왔다. "누나들이 경기 전북 지역에 사니 중간 지역인 대전이 어때요? 아들 곁으로 모시는 게 모양도 좋을 것 같아요." 형제들은 내 말을 좋게 여겼다. 어머니를 대전에 있는 재활 요양병원으로 모셨다.

어머니가 "이제 괜찮다."라며 자꾸 고향 집으로 가자고 한다. 침대에서 일어나려다 주저앉기를 반복했다. 어머니는 왼쪽 팔과 다리가 마비되어 몸을 움직일 수 없음을 인정하고 싶지 않은 듯 보였다. 이웃과 활발하게 교류하고 교회에서 적극적으로 봉사하며 몸을 많이 움직이던 어머니. 침상에서 종일 누워지내니 얼마나 답답할까. 치료 잘 받고 몸이 좋아지면 꼭 고향 집에 다시 가자며 어머니를 안심시킨다. 떨고 있는 손을 잡아 드린다. 실망이 가득한 어머니 눈을 바라보며 가슴이 답답하고 명치에 뭔가 걸린 듯 아프다.

겨울이 지났다. 벚꽃이 병원 주변을 화사하게 수놓았다. 병원 옆에 이름난 벚꽃길이 있다. 간호사실을 방문해 어머니가 외출할 수 있도록 사정했다. 아직 초기라 외출은 힘들다는 간호사 말에 어머니가 답답해 힘들어한다고 하소연하며 머리를 숙여 허락을 받았다.

입원 이후 어머니가 세상 밖으로 나가는 첫날이었다. 어머니를 기쁘게 해 드리기로 가족과 의기투합했다. 자녀가 할머니 휠체어를 서로 밀겠다고 경쟁한다. 할머니 이동 담당은 결국 힘이 센 태은이 차지다. 벚꽃 둘레길을 가는데 오르막길이 가파르다. "영차,

하나둘 셋" 아들과 힘을 합쳐 힘겹게 휠체어를 평지에 올려놓는다. 꽃을 좋아하는 어머니. 활짝 핀 벚나무 아래서 '찰칵'. 어머니가 춥지 않은지 안색을 살핀다. 벚꽃길을 걸으며 도란도란 이야기꽃을 피운다.

어머니 머리가 많이 자랐다. 병원에 미용 봉사자가 2주에 한 번 주말에 방문했다. 주말에 병원을 찾았다. 이발을 기다리는 사람들로 대기 줄이 길게 늘어졌다. 병원 주변을 둘러봤다. 마침 병원 근처 1층에 있는 예쁜 미용실을 발견했다. 아내가 먼저 가서 어머니 상황을 미용사에게 설명하고 이발할 수 있는지 확인했다. 미용사가 당연히 가능하다고 목소리 톤을 높이며 기분 좋게 대답했다. 이후 한 달에 한 번 병원 밖 미용실에 가서 어머니 이발을 도왔다. 깔끔하게 머리를 정돈한 후 단정해진 어머니 모습을 사진으로 남겼다. 어머니가 가장 좋아하는 순간이었다. 바깥바람 쐬며 아프기 전처럼 일상을 느끼는 순간이었기 때문이다. 나도 이 시간이 가장 좋았다. 머리를 다듬는 미용사에게 "여기도 깎아줘요."라고 말하는 어머니를 바라보며 입가에 웃음이 번졌다.

어머니가 뇌경색으로 쓰러진 후 3개월 동안 아내가 매일 어머니 병원으로 출근했다. 식사와 양치질을 도왔다. 병실 환자들과 간호사들이 며느리인 아내를 '딸'로 여길 정도였다. 7살인 아들과 4살인 딸이 유치원과 어린이집 종일반에 맡겨졌다. 처음 지내는 종일반 생활에 아이들 표정이 어두워졌다. 어머니 병원 방문과 자녀 돌봄, 집안일로 아내 하루는 24시간으로 부족했다.

설상가상으로 아내가 거실 의자에 발이 걸려 넘어져 오른쪽 팔꿈치를 다쳤다. 뼈가 어긋나 부러져 하얀 뼈가 밖으로 드러났다. 119 구급대원이 현관문으로 급히 들어왔다. 팔에 방석을 대고 붕

대로 고정했다. 일요일이라 진료 중인 동네병원을 겨우 찾았다. 의사가 부상 부위를 보자마자 큰 병원으로 가라고 손짓했다. 아내는 몸에 열이 나기 시작했다. '메르스' 사태가 겹친 시점이었다. 아무 병원이나 갈 수 없었다. 수소문해서 메르스 피해가 적은 병원 응급실로 들어갔다. 병원 측은 열이 나는 아내를 메르스 환자로 의심하고 비닐이 둘러쳐진 병실에 격리했다. "메르스 때문이 아니라 팔을 다쳐 열이 나는 거예요."라고 설명했지만 소용없었다.

수술이 늦어지면 팔이 위험할 수 있다는 말을 들었다. 수술대기 환자가 많았다. 아내가 제때 수술받을 수 있도록 마음속으로 바라고 또 바랐다. 다음날이었다. 주치의가 아내 입원실을 찾아 팔 상태를 보더니 심각성을 인식하고 수술 일정을 다른 예약환자보다 앞당겨 주었다.

아내가 수술받는 날 직장에 양해를 구하고 병원으로 급히 차를 몰았다. 병실을 둘러보니 아내 자리가 비어있었다. 수술실로 뛰어갔다. 수술대기실 앞 이동 침대 위에 누워있는 아내를 발견했다. 수술 5분 전이었다. 아내가 왼손을 내 쪽으로 뻗었다. 애써 웃으며 힘겨운 눈으로 나를 바라봤다. 아내 손을 '꼭' 잡으며 안심시켰다. "금방 끝날 테니 걱정 말아요." 오른쪽 팔꿈치 부위에 철심을 삽입했다. 아내가 병원에 9일 동안 입원했다. 점심때 어머니 병원에 들러 불편한 점이 있는지 살피고 저녁에는 아내 병원을 들러 자녀 근황을 들려주었다. 팔을 다친 이후 아내는 전보다 어머니 병원에 자주 갈 수 없었다.

12시가 넘은 한밤중에 휴대전화가 울렸다. 어머니 병원 전화번호였다. 늦은 밤에 울린 전화에 '무슨 일이 생긴 건가?' 심장이 뛰었다. 전화기 너머로 간호사의 급한 목소리가 들려왔다. "어머니께서 고열로 상황이 안 좋으세요. 와보셔야겠어요." 주섬주섬 옷을 추슬러 입고 주차장으로 달렸다. 아파트 도로를 미끄러지듯 빠져나왔다. 병원에 도착해 5층인 어머니 병실을 찾아 황급히 뛰어 들어갔다. 곁에 있던 의사가 나를 보며 태연한 척 말을 꺼낸다. "다행히 열이 내렸습니다. 이제는 괜찮아졌어요. 아드님 오니까 신기하게도 좋아졌네요." '하나님, 감사합니다' 속말을 웅얼거리며 물끄러미 어머니 얼굴을 바라보았다. "가지 말고 옆에 있어 다오."라고 말하는 어머니 손을 잡고 한참 동안 곁에 머물렀다. 잠이 든 모습을 뒤로하고 병원을 빠져나왔다. 한밤중에 일어난 어머니 위급상황은 다시 꾸고 싶지 않은 끔찍한 악몽과 같았다.

토요일 오후였다. 자녀와 몇 주 전부터 애니메이션 영화를 보기로 약속한 날이었다. 표를 사고 상영장에 들어가려던 참이었다. 오른쪽 바지 주머니에서 진동이 울렸다. 전화를 꺼내 번호를 확인했다. 어머니 병원이었다. 며칠 전부터 소변에서 피가 보인다며 지금 큰 병원에 다녀오라고 말했다. 아이들 얼굴을 쳐다봤다. 5초 후 다시 전화기로 얼굴을 갖다 대었다. "알겠습니다. 지금 가겠습니다." 인근 대학병원 응급실에 가서 검사를 기다렸다. 검사하고 결과를 아는 데 다섯 시간이 걸렸다. 이상 없다는 소견을 들었다. 오랜 시간 대기하며 검사받느라 어머니 몸이 축 늘어졌다. 들뜬 맘으로 극장 나들이 갔다가 그냥 돌아온 바람에 아이들 기분을 살려주지 못했다. 주말 오후를 병원에서 걱정하며 뛰어다녔다. 내 몸과 마음도 파김치가 됐다.

어느덧 어머니가 쓰러진 지 5년째이다. 그동안 발생한 응급상황에 여러 번 놀랐다. 병약해진 어머니를 볼 때마다 마음이 저린다. 일상에서 웃고 있어도 웃는 게 아니다.

재활 치료가 길어지며 마음이 무뎌졌다. 일주일에 몇 번씩 병원에 들른 내가 이제는 어머니를 겨우 한번 뵙고 온다. 10대 시절 벼랑 끝에 몰린 아들을 포기 않고 끝까지 붙잡아준 어머니. "낙심하지 마라. 꽃으로 보면 피지도 않았다. 아직 앞날이 창창하다."라는 격려로 지금의 나를 있게 해준 어머니.

'나는 과연 나이 들어 병약해진 어머니를 사랑하고 있는가, 앞으로도 사랑할 수 있을까?'

07
자신을 낮추면 저절로 높아진다

아침을 설렘으로 열었다. 손꼽아 기다려온 탁구대회가 있는 날이다. 매년 개최되는 중소벤처기업부장관 배 탁구대회에 직장 동료들과 참가한다. 나에게 탁구대회는 소풍이다. 반복되는 일상에서 벗어나 떠나는 여행이다. 직장 동료가 나를 태우러 집 앞까지 와주었다. 소풍 가는 들뜬 마음으로 차창 밖을 바라보았다. 3월 말이었다. 세상이 노란색, 하얀색, 분홍색으로 물들었다. 개나리꽃, 목련꽃, 벚꽃을 바라보기가 눈부시다.

시합장에 들어섰다. 탁구대를 오가는 조그마한 공 소리가 경쾌하다. 양쪽으로 날개처럼 펼쳐진 탁구대가 나를 반긴다. 꽉 찬 사람들로 활기가 넘친다. 올해로 6번째 열리는 대회다. 매년 만나는 낯익은 유관기관 사람들과 반갑게 손을 뻗는다. 소속은 다르지만 탁구 친구가 되었다.

예선은 조별 풀리그, 본선은 토너먼트 방식으로 진행되었다. 내가 속한 예선 조는 9개 팀이었다. 여덟 번 단체전을 치러야 했다. 첫 번째 시합은 내가 안 뛰기로 했는데 갑자기 명단이 바뀌어 1번 단식게임에 출전했다. 옷을 갈아입지 못한 상태로 시합에 들어갔다. 몸을 풀 시간이 없었다. 2대 0으로 지고 말았다. 첫 번째 게임부터 패배의 쓴맛을 보아 마음이 개운치 않았다. 하지만 팀원들과 호흡을 맞춰 조별 예선리그를 1등으로 통과했다.

토너먼트 준결승전이었다. 첫 번째 단식주자로 나섰다. 예선리그에서 내가 졌던 상대와 다시 마주쳤다. 상대는 예선에서 나를 이겨서인지 얼굴에 여유가 보였다. 예선게임 패배로 예방주사를 맞아 신중해졌다. 예선전에서 몸이 안 풀려 소극적인 경기 운영으로 패한 상황을 떠올렸다. 상대 실력을 인정하고 적극적인 경기를 펼쳤다. 첫 세트를 이겼다. 상대방이 고개를 갸우뚱했다. '예선에서 이겼는데 갑자기 왜 이러지?' 하는 표정이었다. 한 세트를 이겼다고 방심하지 않았다. 매 순간 파이팅을 외쳤다. 결국 3대 1로 이겼다. 예선전에서 패한 부담을 떨쳐내는 순간이었다. 상대 선수가 허공을 바라보았다. 경기를 마치고 땀을 닦으며 호흡을 가다듬었다. 상대 팀 선수들이 다가왔다.

"예선전에서 패했던 선수를 다시 만났는데도 침착한 경기운영이 멋졌습니다. 승리 축하합니다."

토너먼트 결승전에 진출했다. 이번에도 1번 단식주자로 출전했다. 상대 선수를 보고 '이제 졌구나.' 싶었다. 여섯 번 대회에 출전했지만 한 번도 상대 선수를 이겨보지 못했다. 상대 선수 얼굴에 웃음이 보였다. 나에게 저본 적이 없어 '당연히 나를 이길 거라' 생각하는 듯했다. 물을 한 모금 삼켰다. 탁구대에서 몸을 뒤로 돌려 숨을 깊이 내쉬었다. 내가 상대보다 '하수'라고 인정했다. 이기기 힘든 상대지만 과감한 플레이로 경기를 주도적으로 끌고 가자고 다짐했다.

경기가 시작됐다. 달리기가 느린 거북이가 토끼를 상대하듯 성실하게 동작 하나하나에 온 힘을 쏟았다. 먼저 공격했다. 평소 실수가 없던 상대 선수가 여러 차례 범실 했다. 1세트를 이겼다. 당황한 상대가 2세트에서 나를 수세로 몰아넣었다. 8대 5까지 점수가 밀렸지만 끝까지 집중했다. 지고 있던 점수를 10대 10 동점까지 끌고 갔다. 2세트도 승리했다. 상대 눈빛이 흔들렸다. 고삐를 늦추지 않고 초심을 유지했다. 3세트 마지막 점수는 내 것이었다. 이로써 3대 0으로 경기를 마무리 지었다. 상대 선수에게 다가가 머리를 숙여 악수를 청했다. 내가 속한 팀이 단체전 우승을 차지했다.

예선전에서 나를 이긴 상대를 준결승전에서 만났다. 5년 동안 대회에서 한 번도 이겨보지 못한 상대를 결승전 외나무다리에서 마주쳤다. '나를 낮추고' 경기에 임했다. 상대를 인정하고 끈질기게 승부했다. 더 집중하고 화이팅을 외쳤다. 내가 질 거로 생각한 팀원들과 주변 사람들이 내게 몰려와 하이파이브했다. 사람들이 환호하며 내 이름을 불렀다. 팀이 우승하는 데 힘을 보태 하늘 높이 떠 있는 기분이었다.

5년 전 직장에서 겪은 일이다. 기획부에서 근무한 지 1년 됐는데 다음 해 타부서로 발령이 났다. 한 부서 근무 기간이 최소 2년은 보장되는데 이번 인사발령은 의외였다. "양 차장, 통계업무를 맡아줘야겠어." 새로운 부서 팀장이 담당할 업무를 내게 지시했다.

통계업무는 회원기관 직원과 소통과 협력이 중요했다. 상대기관 담당자들은 경력이 3년 이내로 짧고 나이가 나보다 한참 아래였다. 통계업무는 숫자를 다루는 작업이다 보니 엑셀 계산식을 잘못 입력하거나 오타 등 실수할 여지가 많다. 상대기관 직원이 반복해서 실수를 범했다. "틀린 부분을 계속 틀리면 어떡합니까?" 나도 모르게 짜증 섞인 말투가 상대방 전화기로 흘러갔다. 상대방도 응대하는 말투가 변했다. 오는 말이 곱지 않으니 가는 말도 곱지 않았던 거다. 내 목소리가 커졌다. 서로 불편한 말을 주고받았다. 매일 통화하는 상대방과 불협화음이 생겨 업무 수행하기가 껄끄러웠다.

마음가짐에 변화를 주었다. 갈등이 있던 상대에게 전화를 걸었다. 부드러운 목소리로 잘못한 점을 사과했다. 그러자 상대 직원도 실수를 인정했다. 비 온 뒤에 땅이 굳어지는 것처럼 이전보다 관계가 끈끈해졌다.

그 일을 교훈 삼았다. 경력과 나이에 상관없이 회원기관 직원을 존대하고 예의를 다했다. 소통이 매끄러워졌다. 서로 입장을 배려하니 업무가 윤활유처럼 부드럽게 흘러갔다. 그렇게 2년간 통계업무를 수행했다. '낮은 자세'로 소통하는 법을 터득했다. 또한 숫자 흐름이 보이면서 업무 수행능력이 향상됐다. 업무 기본은 통계이고 보고서에서 통계가 50% 이상을 차지함을 깨달았다. 보고서 질이 향상되는 유익은 덤이었다.

"Manners makes man."

영화 〈킹스맨〉에 나오는 대사이다. '예절이 사람을 만든다.'라는 의미이다. 국가 지도자가 다른 나라를 방문할 때 공항에서 화동이 꽃다발을 건넨다. 이때 한 나라 국가 지도자 품격이 고스란히 드러난다. 허리만 굽혀 화동 꽃다발을 받는 지도자가 있는 반면 두 무릎을 굽혀 앉아 화동 눈높이로 '몸을 낮춰' 꽃을 받는 지도자가 있다. 아웅 산 수 치 여사가 후자의 예이다. 아웅 산 수 치 여사는 한국을 방문했을 때 바른 자세로 무릎을 굽혀 화동과 눈높이를 맞춰 인사했다. 몸에 밴 고품격 예절은 아웅 산 수 치 여사가 모든 나라에서 환대 받는 이유다.

사람들은 모임에서 자리 위치에 민감하다. 높은 자리에 앉기를 원한다. 중요한 행사를 준비할 때 가장 신경 쓰이는 부분이 좌석 배치다. 성경에 '혼인 잔치' 예화가 나온다. 잔치에 초대받았을 때 상석에 먼저 앉으면 나보다 높은 사람이 왔을 때 부끄러워하며 끝자리로 내려간다. 처음부터 끝자리에 앉으면 잔치에 초대한 주인이 나보고 윗자리로 올라앉으라고 권할 때 동석한 사람들이 보는 앞에서 높임을 받는다는 내용이다.

어느 모임에 가든지 이 예화를 떠올리며 가장자리에 앉는다. 다른 사람을 중요한 자리에 앉도록 권한다. '자기를 높이는 자는 낮아지고 자기를 낮추는 자는 높아진다.'라는 교훈을 되새긴다. 예의 바름은 학식이 많거나 부유한 것과 별개이다. 겸손한 태도는 하루아침에 형성되지 않는다. 나보다 남을 '낮게' 여기지 않고 '낫게' 여기는 마음훈련이 부단히 필요하다. 높은 곳에서 낮은 곳으로 떨어지는 폭포는 보는 이에게 가슴 트이는 상쾌함을 선물한다. 명심하라. 자신을 낮추면 저절로 높아지고 주변 사람이 행복해함을.

08
변화는 다른 선택에서 시작된다

"양 과장, 회원기관 파견근무 대상을 선별 중이네."

"아, 그렇습니까?"

"신용보증기획 담당인 양 과장이 적임자로 보이는데, 어떻게 생각하나?"

부서장이 내게 타 기관 파견근무를 제안했다. 현장 실무를 경험 못 해 업무 수행하는데 갑갑함을 느끼던 때였다. 현장 목소리를 시원하게 이해하지 못했다. 회원기관 직원과 통화하거나 회의할 때 '끙끙' 마음 앓이를 했다. 실무 교본과 규정을 여러 차례 정독했지만 답답함이 풀리지 않았다. 마치 앞 못 보는 사람이 코끼리 다리만 만지고 무슨 동물인지 알아맞히는 꼴이었다. 코끼리를 눈으로 직접 보면 해결될 일이었다. 몇 달이라도 회원기관에 근무하며 고객을 상대로 실무를 직접 해보고 싶었다. '뜻이 있는 곳에 길이 있다.'는 말처럼 현장으로 들어갈 기회가 찾아왔다. '호랑이를 잡으려면 호랑이 굴로 들어가야 한다.'라고 하지 않았던가.

한 가지가 마음에 걸렸다. 둘째인 딸이 태어난 지 석 달밖에 안 되었다. 파견근무를 떠나면 주중에는 아내가 네 살 난 아들과 갓 태어난 아기를 혼자 돌봐야 하는 부담을 떠안게 된다. 아내 생각을 조심스레 물었다. 아내는 직장생활에 도움이 되는 좋은 기회임을 알았기에 흔쾌히 동의해주었다. 2012년 뜨거운 여름이 시작된 7월부터 9월까지 석 달 동안 강원도 춘천에 있는 회원기관에서 파견근무를 시작했다.

회원기관 직원의 반가운 환영 인사 속에 처음 배치된 곳은 신용보증부 '상담창구'였다. 밀려오는 고객을 상담하고 서류 안내하는 일이 서툴러 등줄기에 땀이 흘렀다. 전산시스템 사용에 익숙해지는 데 시간이 걸렸다. 시스템 사용법에 관해 설명을 들었지만 한번에 이해가 안 됐다. 옆자리 직원에게 물었던 부분을 다시 물어보자니 입이 안 떨어졌다. 같은 부서 직원도 고객상담으로 분주해 근무시간에는 물어볼 엄두가 안 났다. 하루 업무가 마무리되는 저녁이 돼서야 야근하는 직원 도움을 받아 서류 업무를 마감했다. 다음날에 할 일을 미리 연습하며 준비했다. 고객 응대 요령이 생기고 전산시스템에 적응하면서 업무수행에 가속이 붙었다.

신용보증부에서 근무한 지 두 달이 흘렀다. 파견근무 마지막 달인 9월에는 채권관리부로 이동했다. 회원기관 배려 덕분에 다양한 업무를 익힐 기회를 얻었다. 은행과 관련된 업무를 수행했다. 은행 직원과 소통하며 은행 내부상황을 이해하는 계기가 되었다.

파견근무 기간인 3개월이 훌쩍 지났다. 뜨거웠던 여름에서 선선한 가을로 계절이 바뀌었다. 비록 몇 달이었지만 회원기관에서 실무를 경험해보니 책을 보며 이해하지 못한 부분이 쉽게 와닿았다. 회원기관 직원과 통화할 때 부담스럽지 않았다. 역시 이론은 실무와 병행해야 체득 효과가 큼을 깨달았다.

회원기관 상황을 이해하게 됐다. 역지사지로 근무하며 회원기관 직원이 내가 속한 기관을 어떻게 바라보고 있는지, 애로점은 무엇인지를 알게 됐다. 고객을 가까이서 접하며 자영업자가 겪는 어려운 경제 형편을 체감했다. 파견근무는 '기획을 잘하려면 현장을 알아야 한다.'라는 말이 사실임을 확인하는 기회였다. 반복되는 일상에 지쳐 있던 직장생활에 활력을 회복시켜준 전환점이었다.

어느 날 형에게 전화가 왔다. "자전거가 생겼는데 집에 와서 가져갈래?" 어린 시절에 즐겨 탄 자전거와 재회하는 순간이었다. 자전거를 다시 만나며 삶에 몇 가지 '변화'가 생겼다.

첫째는 출퇴근 수단이 자가용에서 자전거로 바뀌었다. 교통체증은 아침부터 내 힘을 뺐다. 지각을 면하려 과속하다 사고 날 뻔한 일도 있다. 시끄럽게 여기저기 울리는 '빵' 경적은 귀를 어지럽게 했다. 상쾌하게 시작해야 하는 아침이 '오늘은 도로가 얼마나 막힐까?' 조바심으로 시달렸다. 하지만 자전거로 출퇴근하며 정체된 도로와 조급증에서 해방되었다. 시원하게 바람을 가르며 나아가는 자전거가 출근 시간을 이벤트로 만들었다. 자전거를 타면서 이전에 보이지 않던 주변 환경과 사람이 눈에 들어왔다. 바람을 타고 풍겨오는 꽃과 나무 향기가 코를 간지럽혔다. 계절 변화를 몸으로 느꼈다. 앙상한 나뭇가지에서 잎이 나고 꽃이 피는 변화를 목격했다. 아침마다 나들이 가듯 콧노래가 나왔다.

둘째는 신체 변화였다. 자전거를 타니 하체가 단단해지고 뱃살이 빠졌다. 시간이 없다고 핑계 대며 운동 안 하는 직장인이 대부분이다. 자전거로 출퇴근하면 시간과 돈을 들여 운동을 따로 안 해도 된다. 자전거를 타면 탈수록 하체가 발달해 페달을 밟는 속도가 빨라져 목적지까지 걸리는 시간이 단축된다.

셋째는 비용이 절감되었다. 가까운 거리도 걷기보다는 차를 이용해 매달 주유비가 상당했다. 자전거를 주로 이용하고 필요할 때만 차를 타니 주유비가 눈에 띄게 줄었다.

어린 시절 추억이던 자전거가 이제는 생활필수품으로 자리 잡았다. 자전거 출퇴근으로 즐거움과 여유, 건강, 비용 절감의 '일석삼조' 유익을 얻었다.

새로운 인생을 펼치고 있는 시골 할머니들이 화제다. 평균 나이 80대인 전남 곡성 할머니들 이야기다. 할머니들은 도서관에서 책 정리를 도왔다. 어느 날 도서관 관장은 할머니들이 책을 거꾸로 꽂는 모습을 유심히 지켜봤다. '아, 할머니들이 글을 모르는구나.' 도서관 관장은 할머니들을 위해 한글 교실을 열었다.

할머니들은 한글을 모른다는 것을 숨기지 않고 한글 교실에서 열심히 글을 깨우쳤다. 그리고 시를 배웠다. 한글을 익히고 시를 배우기로 '선택'하면서 할머니들 삶이 변했다. 할머니들은 『시집살이 詩집살이』, 『눈이 사뿐사뿐 오네』 시집을 발간했다. 〈시인 할매〉라는 다큐멘터리 영화가 개봉됐다. 할머니들이 기교 없이 쓴 순수한 시가 세상에 맑은 울림을 주고 있다.

변화를 즐기는 사람은 드물다. 그러기에 변화를 위한 선택에는 결단과 용기가 필요하다. 변화를 받아들이느냐 현재를 고집하느냐에 따라 미래가 결정된다. 주말부부 생활이 부담스러워 파견근무를 거절했다면 내 삶은 어떻게 흘러갔을까. 감사하게도 파견근무를 마치고 몇 달 후 직장에서 승진했다.

한글 모름을 부끄러워해 배움을 시작하지 않았다면 할머니들이 새로운 세상에 눈을 떴을까. 할머니들은 초등학교에서 학생들과

'작가와의 대화' 시간을 가졌다. "시 내용이 할머니 경험인가요?"라고 묻는 손자뻘 되는 남학생에게 수줍지만 진지한 눈빛으로 대답해주는 할머니, '작가와의 대화' 행사가 끝나고 다가와 할머니 손을 잡아봐도 되냐는 여학생 손을 두 손으로 꼭 잡으며 "배울 수 있을 때 열심히 공부해서 부모님 기쁘게 해드려요."라고 말하는 할머니. 시골 할머니에서 작가로 변신한 '시인 할매'에게 마음 다한 존경의 마음을 표한다.

변화는 익숙한 생활, 익숙해진 나와 결별하면서 시작된다. 이러한 선택이 변화를 이끈다. 변화가 삶에 의미를 부여하고 상상하지 못한 축복의 길로 인도한다. 새로운 세계로 발걸음을 옮길 준비가 되었는가. 변화의 발걸음은 다르게 살아보려는 나의 의지, 나의 선택에서 비롯된다.

생각 나눔터

질문은 더 좋은 미래를 여는 열쇠입니다. 자신과의 솔직한 대화는 내면을 단단하게 다지고 자존감을 높여줍니다.

1. 지금도 꿈에 나타날 정도로 자신을 괴롭히는 방황했던 과거가 있는가?

2. "승진 안 할 거야?"라는 말처럼 당신을 꼼짝 못 하게 옭아매는 일은 무엇인가? 바닥까지 내려갔을 때 오히려 안정된 마음을 경험해 본 적 있는가?

3. 엉킨 실타래처럼 풀기 어려운 갈등 관계를 해소한 경험이 있는가?

4. "이게 바로 나야!"라고 말할 수 있는 당신 다운 모습은 무엇인가?

5. 자신이 좋아하는 일, 잘하는 일을 각각 5가지씩 적어 보라.

6. 나이 들어 병약해진 부모에게 얼마나 자주 연락하는가? 얼마나 자주 찾아뵙는가?

7. 모임에 가면 주로 어느 자리에 앉는가? 자신을 낮춰 오히려 존중받은 경험이 있는가?

8. 삶의 전환점이 되어 준 선택은 무엇인가? 그 선택으로 생긴 변화는 무엇인가?

4장

겁 없이 내 삶에 딴지 거는
8가지 방법

01
애써 피하지 말고 곧바로 직면하기

새해 첫 출근 발걸음이 무거웠다. 연말 승진 인사에서 밀려 복잡한 마음이 풀리지 않았다. 새해 첫날은 시무식이 있어 전 직원이 한자리에 모인다. 피하고 싶은 마음이 굴뚝같다. 자리에 안 보이면 사람들이 이상하게 생각해 더 수군거린다. '그래, 정면 돌파하자!'라고 마음먹었다.

"회장님, 새해 복 많이 받으십시오. 더 열심히 하겠습니다."
"전무이사님, 올해 더 건강하십시오."

출근하자마자 임원실을 방문해 새해 인사를 드렸다. 부서장 자리를 돌며 고개를 숙였다. 시무식에 참석해 직원들에게 먼저 악수를 청했다. 그렇게 어색함과 무안함을 떨치고 직장생활을 이어가려고 몸부림쳤다.

시무식이 끝난 후 전무이사실에서 호출이 왔다. 전무이사가 자리에 앉으라고 권한다. 비서 통해 차를 내어준다. 아침에 내가 새해 인사하고 나가자마자 회장이 전무이사실에 들러 물었다고 한다.

"양 과장이 새해 인사하러 들렀던데요. 전무이사님에게도 왔다 갔습니까?"

"예, 제 방에도 다녀갔습니다."

승진이 안 됐다고 주눅 들기보다 먼저 찾아와 활기차게 인사한 나를 임원이 좋게 여겼다. 애써 피하지 않고 직면한 결과였다.

어버이날을 며칠 앞두었다. 일산에 사는 누나와 매형이 요양병원에서 재활 중인 어머니를 뵈러 대전에 내려왔다. 나도 휴가를 내고 아내와 함께 어머니가 있는 병원으로 향했다. 어머니와 오랜만에 외식할 생각에 마음이 들뜨고 설렜다.

병원 1층에 들어섰다. 먼저 도착한 누나가 병원 로비 의자에 앉아있었다. 어머니가 재활 치료 중이라 끝날 때까지 기다렸다. 그때였다. 원무부장이 지나가다 나를 보자마자 목소리 톤을 높였다.

"어머니를 언제 다른 병원으로 옮길 거예요?"

"예, 병원을 알아보고 있습니다."

"1주일 드릴 테니 그때까지 병원 옮겨주세요."

어버이날을 앞두고 어머니를 기쁘게 해 드리려 가족이 병원을 방문한 날이었다. 환자 가족 마음은 안중에도 없는 원무부장은 내게 어버이날에 병실을 비워달란다. 한 주 전 어머니가 입원한 지 2년이 넘었으니 다른 병원으로 옮겨달라는 원무부장 전화를 받았다. 알아보고 있으니 조금만 기다려달라 사정했다.

입원한 지 2년 넘은 환자는 정부에서 보조금이 중단된다. 장기 재활환자는 내보내고 새로운 환자를 받는 게 병원 수익에 도움이 된다. 하지만 환자 가족 처지는 살피지 않고 병원 실속만 챙기는 원무부장 말이 가시처럼 아팠다. "다른 병원을 알아보고 있다고 말씀드렸잖아요. 어버이날에 나가라는 게 말이 됩니까?" 그렇게 옥신각신 큰 소리가 오갔다. 자초지종을 모르는 병원 직원이 내게 다가와 소리쳤다.

그때까지 말없이 상황을 지켜보던 매형이 자리에서 일어났다. 자신이 듣기에도 원무부장 말이 지나쳤다며 나를 변호했다. 병원 밖으로 나갔다. 본질은 사라지고 감정싸움으로 번졌다. 치료부장이 나오더니 내 나이를 들먹이며 한술 더 떴다. 실랑이해봐야 서로 도움 안 되고 소모전이 될 듯 보였다. 최대한 빨리 병원을 옮기겠다고 약속하며 상황을 마무리 지었다.

어머니와 함께 병원 근처 식당으로 자리를 옮겼다. 어머니 앞에서 표정 관리하느라 애를 먹었다. 밥이 들어가지 않았다. 화기애애해야 할 식사 자리가 잿빛으로 변했다. 그날 누나와 다른 병원을 몇 군데 방문해 상담하고 시설을 둘러봤다. 병원 측과 잡음이 발생한 만큼 더 지체할 수 없는 노릇이었다.

저녁이 되었다. 어머니께 인사하고 병원 옆 공원을 지나는 참이었다. 낯익은 얼굴이 의자에 앉아 담배를 피웠다. 오전에 내게 심하게 말한 치료부장이었다. 순간 고개를 돌리고 지나쳤다. 한참 걸어가다가 왜 그런 일이 발생했는지 자초지종을 모르는 치료부장과 오해를 풀고 싶었다. 치료부장 쪽으로 발걸음을 돌렸다. 목소리를 가라앉히고 어머니 상황을 설명했다. 치료부장은 조용히 고개를 끄덕였다. 어머니를 몇 년 동안 치료하며 지켜봐 사정을 알고 있다고 했다. 그러면서 원무부장이 요즘 환자 가족과 마찰이 심해 병원 내에서도 문제가 있다고 귀띔해주었다. 병원 간부회의 때 이 문제를 제기해 개선하겠다고 약속했다. 그때까지 가라앉지 않던 마음속 부글거림이 치료부장과 열린 대화를 나누자 수그러들었다. 불편하다고 피했으면 오랫동안 앙금으로 남았을 분노와 속상함이 눈 녹듯 내려앉았다.

고령화 사회가 되면서 요양병원 수가 2011년 988곳에서 2017년 1,529곳으로 급격히 늘어났다. 정부가 수많은 요양병원 실태를 일일이 점검하기는 불가능하다. 『중앙일보』 요양병원 특별취재팀 취재 결과 의료인 또는 의료법인의 명의를 빌려 운영하는 '사무장 병원'이 우후죽순 생겨났음이 밝혀졌다. 돈벌이 수단으로 전락한 요양병원이 환자를 '돌봐야 할 대상'이 아니라 '돈'으로 보며 환자 가족의 공분을 사는 일이 비일비재하다. 일부 부도덕한 요양병원의 비양심적인 행태로 고통받는 환자가 늘어간다. 그렇다고 환자를 퇴원시켜 집으로 데려올 형편이 못 돼 이러지도 저러지도 못하는 환자 가족은 피눈물을 흘린다.

여성 검사가 성추행 피해 사실을 폭로한 이후, '미투 운동'이 사회 각 분야로 퍼졌다. 그 흐름은 '스포츠계 미투'로 이어졌다. 평창 동계올림픽이 끝난 후 쇼트트랙 국가대표 심석희 선수가 입을 열었다. 자신을 폭행한 코치를 성폭행 혐의로 추가 고소한 것이다.

성폭행, 성추행 피해 여성은 추가적인 피해와 가해자 보복이 두려워 자신이 피해당한 사실을 밝히기 주저한다. 심석희 선수는 "큰 상처를 입을 가족을 생각해 그동안 혼자 감내해왔다. 하지만 이런 일이 다시 벌어지면 안 된다는 생각에 사건을 밝히기로 했다."라고 말했다.

체육계 관행상 비리 폭로는 쉽지 않다. 선수 생명이 끝날 수 있음을 각오해야 한다. 심석희 선수가 총대를 메었다. 힘든 상황을 피하지 않고 직면했다. 심석희 선수가 뿜어낸 용기가 음지에서 웅크리고 있는 피해자들을 양지로 일으켜 세워 당당하게 살아가도록 힘을 북돋아 주는 출발점이 되기를 기대한다.

대부분 직장인은 '월요병'에 시달린다. 일요일 오후가 되면 다가올 월요일이 떠올라 머리가 아프고 불안이 찾아온다. 막상 월요일에 출근하면 아무 일 없이 괜찮다. 직면하니 두통도 불안도 온데간데없이 사라진다.

무섭다고 피하면 두려움은 눈덩이처럼 커져 대적할 수 없는 괴물로 변한다. 두려움은 실체 없는 허상이다. 당당히 얼굴 들고 눈을 크게 떠 응시하면 두려움은 물거품처럼 자취를 감춘다. 마주보기 겁나는 상황이나 사람을 피하지 마라. 다른 사람이 짜 놓은 장기판 말처럼 끌려다니는 수동적인 삶을 거부하라. 판을 흔들어 능동적으로 새 판을 짜라. 정면으로 부딪쳐 후회 없이 내가 주도하는 인생을 살자.

02
자신에게 붙어 있는 꼬리표 떼어내기

'낙인 이론'을 아는가. 가축에게 낙인찍듯 잘못한 사람을 나쁜 사람으로 취급하고 차별하면 잘못한 사람은 자신을 나쁜 사람으로 인식해 계속 잘못을 저지르게 된다는 이론이다. 누구나 살면서 잘못을 범한다. 드러나지 않은 잘못은 별문제 없이 지나간다. 하지만 다른 사람에게 노출되어 세상에 알려지면 상황은 급격히 변한다. 자신을 바라보는 시선이 예전과 달리 싸늘해짐을 느끼게 된다.

예를 들어 동네에 전과자가 있다고 가정해보자. 그가 전과자임이 밝혀지기 전에는 차 마시고 운동하며 함께 어울린 사람들이 사실을 알게 되면 그 사람을 범죄자로 낙인찍어 멀리하게 된다. 당사자는 자신이 전과자라는 낙인을 내면화하고 위축되어 추가로 범행할 가능성이 커진다.

과거에 잘못한 사람은 반성하고 인정받으며 살고 싶어 한다. 안타깝게도 주변 사람은 그 사람의 노력하는 현재 모습은 외면하고 실수한 과거만 반복해 끄집어낸다. 과거 실수를 캐내지 않고 땅속 깊이 묻어 주는 배려 깊은 사람이 필요하다. '나쁜 사람' 낙인찍지 않고 동행하면 그 사람은 올바르게 살아가려는 의지를 회복한다.

사회생활 초년에 부딪힌 선배가 떠오른다. 선배는 여러 가지 이유로 내 모습, 태도를 지적했다. 인사할 때 눈을 안 마주친다, 넥타이가 비틀어졌다, 걸을 때 소리가 크다는 등. 10대 시절 좌절을 겪은 후 남모르는 후유증이 남았다. 피해 의식이었다. 남의 지적을 유연하게 소화하지 못했다. 나를 지키려는 방어기제가 심했다. 나의 내면 상태를 모르는 선배는 나를 볼 때마다 지적하며 아픈 상처를 건드렸다. 결국, 젊은 혈기가 터지고 말았다. 그 이후로 내게 낙인이 찍혔다. 선배에게 대든 후배.

사람들은 말한다. 직장생활 시작하고 처음 3개월이 중요하니 선배에게 안 찍히게 조심하라고. 나는 처음부터 찍혔다. 직장 내에 삽시간에 소문이 퍼졌다. 한번 낙인찍히니 조금만 실수해도 잘못이 눈덩이처럼 부풀려졌다. 내 생각과 감정은 중요하지 않았다. 실수를 만회하려고 노력했지만 내 이름에 찍힌 주홍글씨는 아무리 좋은 세제로 닦아낸들 지워지지 않았다. 오히려 노력하는 모습을 곡해했다. 다른 의도가 있을 거라며 색안경을 끼고 바라봤다. 몸에서 힘이 빠져나갔다. 잘해보려는 노력이 부질없게 느껴졌다. 퇴근하고 방에 들어가 눈가에 흐르는 물기를 소리 없이 닦아냈다.

나는 칭찬에 약하다. 내가 부족한 점이 있어도 긍정적으로 대해주는 사람에게는 없는 능력을 쥐어짜서라도 최선을 다한다. 하지만 나를 싫어하거나 못마땅하게 생각하는 사람은 멀리한다. '저 사람은 나를 안 좋게 바라보니 애써봐야 소용이 없겠다.'라는 생각에서다. 마치 낙인찍힌 전과자의 심정처럼 말이다. 십수 년 전 나와 부딪힌 선배는 지금도 그때 일을 끄집어낸다. 언제 일이냐며 웃어넘기지만 '옷에 스며든 봉숭아 꽃물처럼 과거 실수를 지우기가 어렵구나.'라는 생각에 마음에 풍랑이 인다.

마흔 중반이 되었다. 직장에서 중견 직원이다. 선배보다는 후배가 많아졌다. 어떤 후배는 태도나 업무 면에서 내 마음을 시원케 한다. 반면 다른 후배는 일을 복잡하게 만들고 한숨짓게 한다. 다른 직원과 차 마시며 그 후배에 대해 수군거리는 나를 발견한다. 후배에게 '편견'이라는 꼬리표를 붙인 자신을. 개구리 올챙이 시절을 잊고 후배에게 상처 주는 내 모습에 전기 충격받은 것처럼 화들짝 놀라 제정신을 차린다.

작년 12월 마지막 날이었다. 같은 부서에 근무하는 인턴직원과 점심을 먹은 후 카페로 자리를 옮겼다. 커피 마시며 연말 분위기를 공유했다. 인턴직원은 대학 졸업을 앞두었다. 몇 달 동안 인턴직원을 눈여겨봤다. 출근 인사할 때 작은 목소리로 인사하고 자리에 앉았다. 일할 때 활기가 없었다. 커피잔에 손을 뻗어 한 모금 마신 후 조심스럽게 입을 열었다. 평소 느낀 바를 전해줬다. 인턴직원이 그제야 "정규직원이 아니고 인턴이라 위축되었어요."라고 속마음을 털어놓았다. 적극적으로 뭔가를 하려다가도 '나는 인턴인데'라는 생각이 자신을 머뭇거리게 했다고 한다.

새해부터는 머릿속에서 인턴이라는 '꼬리표'를 떼어내라고 말해주었다. 어깨를 활짝 펴고 생활하도록 주문했다. 인사할 때 목소리 톤을 높여 크게 하고, 업무도 적극적으로 하도록 자신감을 불어넣어 주었다. 새해가 밝았다. 출근한 인턴직원 모습이 달라졌다. 옷차림부터 화장까지 자신감이 묻어났다. 인사하는 목소리, 업무 수행하는 태도가 전과 비교할 수 없을 정도로 시원해졌다. 스스로 인턴이라는 '꼬리표'를 과감히 떼어냈다. 자신감 넘치고 당당해진 인턴직원을 바라보며 엄지손가락을 추켜세워 보였다.

인턴직원은 더는 같이 근무하지 않는다. 다른 공공기관에 정규직원으로 채용됐다. 대학 졸업을 앞두고 사회에 당당하게 진출했다. 퇴사하기 전 제일 먼저 내게 다가와 웃음을 감추지 못하며 기쁜 소식을 전해준다.

"차장님, 저 최종 면접 합격했어요."
"축하한다. 어디 가든 잘할 거야."

어깨를 툭 쳐주었다. 활짝 웃으며 작별 인사를 나누었다.

국민가수 이미자는 팔순을 앞두고 데뷔 60주년을 맞아 기념 음반을 발표했다. 이미자는 대한민국 가요계에서 최초 기록을 여럿 보유하고 있다. 1973년 베트남 주둔 한국군 위문 공연, 2002년 평양 단독 공연이 그 예이다.

힘들었던 순간도 있었다. 3대 히트곡인 '동백 아가씨', '섬마을 선생님', '기러기 아빠'가 왜색이 짙다, 몇 소절이 다른 노래와 같다 등의 사유로 금지됐다. 금지곡은 어느 무대에서도 부를 수 없었다.

또한 "이미자 노래는 질이 낮다. 술집에서 젓가락 두드리며 부르는 노래다."라는 천박한 이미지 꼬리표가 따라다녔다. 붙어 있는 꼬리표에 굴하지 않고 전통가요의 뿌리를 지켜낸다는 자부심으로 지난 60년동안 자신의 길을 묵묵히 걸어왔다.

우리는 모두 불완전하다. 실수한 모습만 보고 다른 사람을 평가해서는 안 된다. 한 번 실수했다고 상대방을 '나쁜 사람'으로 성급히 낙인찍지 말아야 한다. 다른 면에 수 놓인 아름다운 모습을 바라봐야 한다.

자신에게 '꼬리표'가 붙었다고 겁내지 마라. 사람들이 안 좋게 말하는 부분은 내가 가지고 있는 수많은 특징 가운데 하나에 불과하다. 그것이 나라는 사람 전체를 단정할 수 없다. 자신에게 붙어 있는 꼬리표는 남이 떼어줄 수 없다. "꼬리표야, 안녕!"하며 자신에게 붙은 꼬리표와 작별 인사하자.

내가 나를 소중히 여길 때, 내 있는 모습 그대로를 인정할 때 꼬리표는 더 이상 내 것이 아니다. 실이 끊어진 연처럼 바람 따라 눈에 보이지 않는 저 언덕 너머로 날아가 버린다.

03
모든 사람과 잘 지내려 욕심내지 않기

강의실을 둘러봤다. 대학 새내기 특유의 밝음과 싱그러움이 넘쳤다. 강의실 맨 앞자리에 앉았다. 몇 년 동안 소속 없이 방황한 시절과 작별 인사하는 순간이었다. 대학에 입학했다. 다시 공동체로 돌아와 소속이 주는 안정감을 온몸으로 느꼈다.

사람들과 잘 지내고 싶었다. 하지만 학과생들과 어울릴 시간이 부족했다. 고향 집에서 익산에 있는 대학까지 통학했다. 강의가 끝나면 학교 버스 타고 집으로 돌아오기 바빴다. 대학 입학 후 몇 주가 흘렀다. 삼삼오오 몰려다니는 무리가 생겨났다. 모든 학과생과 잘 지내고 싶어 두루두루 인사하며 특정 무리에 속하지 않았다. 막상 누군가 다가오면 어떻게 행동해야 할지 몰랐다. 내가 마음으로 정해놓은 선을 상대가 넘어오면 '불안한 자아를 들키면 어떡하나, 내면의 불안함을 알면 멀어지지 않을까?'라는 생각에 겁났다. 관계를 맺는데 머뭇거리는 사이 어디에도 속하지 못했다.

같은 학과 여학생에게 호감이 생겼다. 아담한 체형과 뽀얀 얼굴이 토끼 같았다. 나도 모르게 강의를 듣는 중 그 여학생 쪽으로 자꾸 눈길이 갔다. 나는 청재킷과 청바지를 자주 입고 다녔다. 어느 날이었다. 그 여학생이 강의실 뒤에서부터 한 걸음 두 걸음 걸어오더니 내 옆자리에 앉았다. 고개를 오른쪽으로 돌리며 '어색한 안녕'을 나눴다. 여학생은 청재킷에 청바지를 입고 있었다. 나와 커플룩이었다. 누가 보아도 캠퍼스 커플로 오해할 만하다.

강의를 듣고 집으로 돌아왔다. 책상 앞에 앉았다. 통학하는 데 2시간이 넘게 걸려 몸이 축 늘어졌다. 그때였다. 방 전화기가 울렸다.

"오빠, 저 영애예요."
"어, 아 안녕."

전화기를 손에서 놓칠 뻔했다.

"오빠……. 저에게 관심 있어요?"

귓불이 빨갛게 달아올랐다. 관심을 보인 상대방이 다가오니 어떻게 반응해야 할지 감을 못 잡았다. "아니."라고 엉겁결에 한마디 툭 던지고 급히 전화기를 내려놓았다. 사람들과 잘 지내고 싶었지만 새로운 관계가 형성되려고 하면 피했다.

몇 년간 혼자 지내며 스스로 파놓은 굴속에 들어가 햇빛을 오랫동안 보지 못했다. 이제 바깥세상에 나와 따스한 햇빛을 바라보니 눈이 부셔 두 눈을 질끈 감았다. 사람들과 함께 있는 게 가슴 벅찰 만큼 기뻤지만 내 모습은 어색하기만 했다. 모든 사람과 잘 지내려는 의욕만 앞섰다. 관계에 대한 불안증에서 비롯된 행동이었다.

임상 상담심리 전문가인 한기연은 『이 도시에 불안하지 않은 사

람은 없다』에서 "관계가 불안정한 사람은 상대가 나를 버릴 거라
는 불안을 없애려고 상대가 떠나기 전 자신이 먼저 떠난다."라고
말한다.

　모든 사람과 잘 지내야 한다는 강박감은 가족을 향해서도 나타
났다. 용건이 없었지만 휴일이면 누나들 전화번호를 눌렀다. 반갑
게 받아주리라 기대한 거와 달리 냉담한 반응을 접하고 나면 기
운이 빠졌다. 몇 마디 하고는 전화기를 내려놓았다. 좋았던 기분이
통화 후 망가져 갑자기 입이 닫혔다. 내가 모든 사람과 잘 지내고
싶은 욕심이 선을 넘어 형제들이 서로 잘 지내기를 바랐다. 어머니
가 뇌경색으로 쓰러져 입원하고 몇 년이 흘렀다. 형제들 사이에 먹
구름이 감지됐다. 양쪽 당사자에게 "어머니 건강도 안 좋은데 서로
이해했으면 좋겠어요."라고 전화했다. 그땐 헛심만 소모하고 있음
을 몰랐다. 마흔이 넘었어도 막내는 막내였다. 막내는 형제들에게
여전히 어린아이였다. 물길을 막아 다른 방향으로 틀면 물이 역류
해 문제가 발생하듯 관계도 흘러가는 대로 바라봐야 할 때가 있음
을 깨달았다.

　한 부모에게 태어나 한솥밥을 먹으며 자란 형제는 인생에서 중
요하다. 하지만 형제들과 관계가 항상 좋을 수 없음을 받아들여
야 한다. 흐르는 물이 오염물질이 들어오면 스스로 깨끗게 하는
힘이 있듯 형제 관계도 흐려졌다가도 흘러가다 보면 맑아지는 날
이 온다.

　아내는 사람들과 관계에서 자유롭다. 관계에 얽매이지 않는다.
어려서부터 책을 좋아한 아내는 자신을 사랑한다. 누가 안 좋은
소리를 해도 크게 영향받지 않는다. 자신을 소중히 여기는 태도가

내재화되어 있기 때문이다. 아내는 대인관계 폭은 좁지만 깊게 사귄다. 아내가 맺는 인간관계 방식이 틀렸다고 생각했다. 하지만 관계를 맺는 데 피로감을 느끼는 나와 달리 편안해 보이는 아내를 보며 나도 인간관계에 변화를 주기 시작했다. 불필요한 의무감으로 모두와 잘 지내려고 소모했던 힘을 절약했다. 비축한 힘을 소중한 관계에 집중해서 사용하니 관계에서 오는 만족감이 전보다 커졌다. 감정소비가 줄어들고 내 마음 텃밭을 가꾸는 시간이 늘어났다.

인간관계에 집착하거나 매이지 않고 자유로울 방법은 무엇인가?

첫째, 자신을 소중히 여기자. 자기 생각과 감정에 충실히 행동하자. 다른 사람 신경 쓰느라 자신을 소홀히 하지 말라. 내면이 아닌 외부 관계에서 오는 만족과 행복은 일시적이다. 인간관계는 영원하지 않다. 한번 흘러가면 돌아오지 않는 물과 같다. 영화 〈꾸뻬 씨의 행복 여행〉 주인공처럼 엉뚱한 곳으로 행복을 찾아 떠나지 말라. 내가 진정 원하는 게 무엇인지 자문하며 행복을 내 안에서 찾자.

둘째, 모든 사람이 나를 좋아할 수 없음을 받아들이자. 느끼는 감정, 살아온 환경, 사고방식, 가치관은 사람마다 다르다. 내가 세상 모든 사람을 좋아하지 않듯 아무리 모든 사람에게 호감을 얻으려 발버둥 쳐도 다른 사람이 나를 싫어할 수 있음을 인정하자. 모두에게 사랑받을 수 없고 모두에게 사랑받을 필요도 없다. 나를 꺼리는 사람에게 감정 소모하느라 시간 낭비하지 마라. 나를 아껴주는 사람과 차 마시며 대화할 시간도 부족하다.

셋째, 안정된 관계를 위해 거리감을 유지하자. 상대에게 너무 가까이 다가가면 상대가 부담 느껴 멀어질 수 있다. 상대방과 적당한 '거리 두기' 연습을 해라. 연습 통해 다른 사람에게 의지하는 불안정한 내 모습에서 벗어나라. 그러면 다른 사람이 옆에 없어도 내 존재만으로 충분하다고 느껴질 때가 온다. 그때가 바로 사람들과 풍요로운 어울림을 누릴 수 있는 적기다.

성경에서는 "할 수 있거든 모든 사람과 더불어 화목하라."라고 말한다. 모든 사람과 잘 지내는 게 얼마나 어려운 일이면 '할 수 있거든'이라는 말이 조건부로 붙었겠는가. 관계는 꽃 피는 봄일 때가 있고, 눈보라 몰아치는 겨울일 때도 있다. 모든 사람과 잘 지내려는 '미션 임파서블'에 도전하지 마라.

분명 내게만 좋은 사람이 존재하고 나를 좋은 사람으로 여기는 사람이 존재한다. 그런 사람을 발견해 나만의 행복 둥지를 만들어 보라. 내 곁에 마음 맞는 몇 사람만 있어도 성공한 인생이다.

04
나를 위로해 줄 취미 하나쯤 갖기

창밖을 보았다. 하얀 눈이 나뭇잎을 이불처럼 덮었다. '저 눈처럼 마음이 깨끗이 정돈되었으면……' 간밤에 마음이 어수선해 잠을 못 이뤘다. 무거운 몸을 일으켜 주섬주섬 탁구가방을 꾸렸다. 직장 승진 인사에서 밀리는 경우처럼 괴로운 일이 생기면 탁구장에서 열리는 탁구대회에 참가한다. 정신을 집중해 하얀 공만 쳐다본다. 2.7그램 무게의 공에 온 체중을 실어 상대 탁구대에 날려 보낸다. 땀으로 몸이 흠뻑 젖을 때까지 몇 시간 동안 뛴다. 그러고 나면 머리가 맑아지고 냉정함을 되찾는다. 서리가 끼어 밖을 볼 수 없는 창문 같았던 나의 눈이 현실을 다시 직시한다. 천근만근 같던 마음이 탁구공처럼 가벼워진다.

전화벨이 울렸다. 상대 선수에게 전화기를 손으로 가리키며 양해를 구하고 탁구장 밖으로 나왔다. 직장 선배였다. 선배 목소리가 잠겨있었다. 그도 이번 승진 인사에서 누락되었다. 선배는 내가 있는 곳으로 찾아왔다. 운동 중에 급히 나와 외투를 챙겨 입지 못했다. 반팔 반바지 운동복 차림이었다. 눈이 수북이 쌓인 골목에서 서 있는 채로 몇 마디 나누었다.

"양 과장은 괜찮은가 보다. 운동할 여유도 있는 거 보니."

"······."

머리를 쓸어 넘기며 멋쩍은 웃음을 지었다.

일요일 오후였다. 선배는 사람들 시선이 신경 쓰여 출근할 자신이 없다고 했다. 난들 괜찮을 리 있겠는가. 괴로운 생각을 떨쳐내고 아픈 마음을 달래려 운동에 집중하고 있을 뿐이다. 연말이 되면 여러 선배 연락을 받았다. 연말 승진 인사에서 밀린 사람들이었다. 평소 그렇게 친분이 없는 사람들인데 전화해서 하소연하거나 따로 만나 차 한잔하자고 했다. 한참 동안 속상함을 내게 쏟아 냈다. "너는 어떠냐?"라고 말하며 내 아픔을 돌아보는 듯했지만 자기보다 딱한 처지인 나를 보며 위안 삼는 듯 보였다.

나를 위로해 주는 취미는 운동이다. 위로받고 싶을 때 사람을 찾지 않는다. 악몽에 시달릴 정도로 힘든 상황에서는 사람 말이 아무 도움 되지 않음을 경험으로 몸서리쳐지게 깨우쳤다. 30대 초반에 탁구를 시작했다. 결혼하고 마음이 편해져서인지 체중이 늘어 몸이 무거워졌다. 허리가 두꺼워져 정장 바지가 맞지 않았다. 위기감이 몰려와 운동하기로 결심했다. 동네를 산책하다 탁구장을 발견했다. 바로 탁구 레슨을 신청하고 동호회에 가입했다. 탁구가 두고두고 나를 '위로'하고 삶의 활력소가 되어줄지 그때는 몰랐다.

3년 동안 탁구에 미쳤다. 1주일 내내 탁구장을 찾았다. 누워서 잘 때면 천장에서 하얀 공이 '통탕 통탕' 왼쪽 오른쪽으로 오갔다. 승부욕이 불처럼 타올라 시합에서 패한 날이면 잠자리에서 몸을 이리저리 뒤척였다. 잠 못 이루며 시합 내용을 복기했다. 졌던 상대를 꼭 이겨야 직성이 풀렸다. 실력을 키우려고 탁구장에서 주관하는 리그 대회를 쫓아다녔다. 리그 대회는 저녁 8시에 시작하면 새벽 1시가 넘어야 끝나고, 오후 1시에 시작하면 저녁 9시 즈음 마무리됐다. 동호회 회원들과 생활 체육대회에 참가했다. 몇 차례 단체전 우승 트로피를 들어 올렸다.

열정이 타오르면 식을 때도 있기 마련이다. 서서히 승부에서 자유로워졌다. 나보다 고수인 사람과 운동하려는 모습에서 하수인 사람을 챙기기 시작했다. 자세를 교정해주고 내가 알고 있는 기술을 알려주었다. 마침내 승부를 초월해 운동 자체를 즐기는 '즐탁' 경지에 올랐다.

"양 차장님, 사내 동호회 모집한대요. 탁구 동호회 만드는 거 어때요?"

평소 점심시간에 함께 운동하는 직장 후배가 사내 동호회를 결성해 제대로 운동해보자고 제안했다. 새로운 부서로 이동한 지 얼마 안 된 때였다. 업무를 익히느라 마음이 분주했다. 지금처럼 시간 날 때 점심시간에 운동하자며 동호회 활동은 부담스럽다는 뜻을 전했다. 옆에서 대화를 듣던 다른 직원이 "우리가 도울게요. 한번 해봅시다!"라며 동호회를 만들자고 팔을 걷어 올렸다.

그렇게 '알럽핑퐁' 사내 동호회가 탄생했다. 동호회 명은 '아이 러브 핑퐁' 줄임말이다. 탁구를 사랑하는 사람들의 모임을 이끄는 동호회장이 되었다. 동호회원이 10명 모집됐다. 회원들 나이가 20대에서 50대까지 다양하고 여성도 2명이나 포함됐다.

2018년 8월 16일 『한국경제』 신문에 실린 "사내 동호회에 희로애락 多 있네"라는 기사를 접했다. 사내 동호회 활동 중인 직장인은 인터뷰에서 "사내 동호회는 직장에서 유일한 스트레스 해소 창구다."라고 말했다. 내 얘기처럼 공감되어 빨간펜으로 밑줄을 쳤다.

탁구 동호회를 만든 해에 타부서로 이동했다. 십수 년간 직장생활 중 가장 힘든 해였다. 업무와 관계의 어려움을 풀어가기 쉽지 않았다. '이러다 그만둘 수도 있겠다.'라고 푸념할 정도였다. 이때 사내 동호회가 내게 한 줄기 빛을 비춰주었다. 사내 동호회 활동이 '가뭄에 내린 소나기'처럼 때에 맞는 위로가 되었다. 회원들이 한 달에 두 번 정기적으로 모여 운동으로 뭉쳤다. 운동을 마치고 분위기 좋은 식당에서 식사를 즐기고 차 마시며 삶의 애환을 나눴다. 동호회 활동이 꽉 막힌 직장생활에 숨통을 터주었다. 동호회를 만들자는 후배 제안에 처음에 난색을 보였는데 안 만들었으면 후회할 뻔했다. 동호회원들 소속 부서가 다양했다. 부서 간 원활한 업무협조는 동호회 활동이 주는 또 다른 선물이었다.

운동은 일상 스트레스를 해소하는 데 탁월한 효과를 발휘한다. 운동하면 뇌에서 엔도르핀이 분비되어 스트레스 고통을 덜어주기 때문이다. 운동하면 불안감이 낮아진다. 기분전환과 식었던 열정을 되찾도록 도와준다. 긍정적인 마음과 집중력을 높여주어 위축된 몸을 풀어준다. 탁구가 울고 싶은 나를 위로하고 꽉 막힌 생활을 뚫어준 돌파구가 되었듯 자신에게 맞는 운동 시작하기를 추천한다. 일주일에 3회 30분씩 운동하는 사람과 그렇지 않은 사람은 스트레스를 느끼는 정도의 차이가 크다. 오늘부터 운동화 끈을 조여 매고 밖으로 나가보라. 활력 넘치고 밝아진 자신을 보게 될 것이다.

자신만의 스트레스 해소법을 개발해야 한다. 마음을 환기할 수 있는 통로를 찾아야 한다. 흔히 찾는 술은 해결책이 안 된다. 위로 받으려고 술자리에 가봐야 몸 상하고 말실수로 논쟁에 휘말려 마음만 상하기 일쑤다. 스트레스만 가중될 뿐이다.

　나를 위로해 줄 취미를 하나쯤 가져보라. 취미활동은 일과 생활에 균형을 맞춰주는 추와 같다. 맑은 공기를 마시며 자신을 돌아볼 수 있는 등산도 좋다. 기타와 같은 악기를 배우거나 인생 여정에 비유되는 마라톤을 시작해 보는 건 어떤가. 사람마다 유난히 잘 어울리는 옷이 있듯 자신에게 맞는 취미가 존재한다. 기분을 좋게 하고 눌려있는 자신을 마음껏 드러낼 수 있는 취미를 찾아보라. 나에게 행복을 주는 취미생활을 통해 메마른 땅처럼 딱딱히 굳은 일상에 단비를 내려주자.

05
나만의 경쟁력 있는 무기 만들기

"How can we improve a credit guarantee system?"
"We should cooperate to support a small business."

말레이시아 쿠알라룸푸르에 소재한 호텔 국제회의장이었다. '중
소기업을 효율적으로 지원하기 위해 신용보증제도를 어떻게 개선
할 것인가?'에 대한 논의가 진지하다. 아시아 11개국 16개 신용보증
기관이 한자리에 모였다. 매년 열리는 콘퍼런스는 각 나라의 우수
제도를 공유하고 벤치마킹할 기회의 장이다.

직장에 영어 회화가 가능한 직원이 드물었다. 고등학교 때부터
영어 회화를 꾸준히 연마하고 취업 후에도 어학원을 다니며 언어
감각을 유지한 덕분에 국제업무를 수행할 기회를 잡았다. 입사한
지 3년 차에 처음으로 참석한 국제회의였다. 국제무대 체질인가 보
다. 세포 하나하나가 살아 움직임을 느꼈다. 각 나라에서 온 담당
자들과 명함을 주고받으며 소통하는 게 행복하다. 본부장을 그림
자 수행하며 통역했다. 자칫 한눈팔면 상사가 난처해진다. 몸에 힘
이 들어갔다. 한순간도 놓치지 않기 위해 눈을 반짝거렸다.

콘퍼런스 일정이 막바지에 이르렀다. 폐회식 전날 밤 'Farewell

Party'가 열렸다. 기관마다 돌아가면서 노래 부르며 화합하는 자리이다. 사전에 알고 한 곡 준비했다. 영화 〈라이언킹〉 주제곡인 'Can you feel the love tonight?'. 평소 노래방에서 부르는 애창곡이었다. 파티가 열리는 밤에 부르기에 안성맞춤이었다. 반주에 맞춰 가사에 감정을 이입했다. 내가 속한 기관이 준회원 자격으로 처음 참석한 콘퍼런스였기에 기관을 회원기관들에게 알려야 한다는 마음이 강했다. 무사히 노래 마지막 소절을 마쳤다. 그때였다. 언어장벽에 눌려 일정 내내 조용히 지낸 본부장이 갑자기 무대 위로 뛰어 올라왔다.

"코리아 파이팅, 양병태 잘했다!"

본부장은 나를 힘껏 안으며 어깨를 두드려주었다. 그 광경에 참석한 백여 명의 관중이 기립박수를 보내주었다. 본부장과 두 손을 하늘로 추어올렸다가 내리면서 관중을 향해 고개를 숙였다. 그 순간을 생각하면 지금도 가슴이 뜨거워진다.

명검과 같은 무기는 하루아침에 만들어지지 않는다. 긴 세월 동안 갈고닦는 과정이 필요하다. 내게는 휴학 후 복학하기 전까지 기간이 무기를 만들 절호의 기회였다.

군 복무를 마치고 대학 2학년으로 복학하기까지 열 달이 남았다. 전주에 있는 대학교 어학원에 찾아가 영어 회화 과정을 알아봤다. 하루를 일찍 시작하려면 아침반이 좋을 듯싶어 고민하며 유인물을 살펴보는데 어학원 직원이 거들어준다. "아침반은 영어 회화 동아리 회원으로 구성되어 있어요. 도움 되실 거예요."

매일 아침 9시에 어학원으로 출근했다. 외국인 강사와 한 시간 동안 시사 주제로 토론했다. 옆자리에 앉은 학생이 동아리에 들어올 것을 권유했다. 기다리던 바였다. 나는 아침반 영어 회화 동아리 회원이 되어 오전 10시부터 정오까지 회화 스터디 모임에 합류했다. 설렘 가득한 영어 여행이 시작되었다. 동아리 사람들과 영어로 대화하며 생활했다. 가끔 외국인 강사를 초대해 공원을 산책하거나 학교 근처 동물원을 구경했다. 한 번은 동아리 회원들과 동해로 여행을 떠났다. 밤바다를 앞에 두고 하늘에서 빛나는 별을 바라보며 이루고 싶은 꿈 이야기를 나눴다. 영어 여행 열 달이 열흘처럼 느껴질 만큼 빠르게 지나갔다.

절차탁마한 땀이 열매 맺기 시작했다. 외국인과 다양한 주제로 대화하고 토론할 정도의 영어 회화 능력을 갖추었다. 지금은 외국어를 자유롭게 구사하는 사람이 늘었지만 2000년 초반만 해도 외국인과 편하게 대화하는 사람이 드문 시절이었다. 무기가 된 어학 능력이 인생 관문을 지날 때마다 큰 힘을 실어주었다.

첫째, 서울 소재 대학 편입학을 도왔다. 편입시험을 영어로만 보는 대학을 선택해 3개 대학에 합격하는 쾌거를 거두었다. 배움에 있어 큰 무대로 도약하는 발판이 되어주었다.

둘째, 사회진출을 도왔다. 회화 중심으로 영어를 익히다 보니 토익 점수는 저절로 따라왔다. 입사지원서에 기재하는 토익점수가 최상위권이었다. 전공 서적이 대부분 영어원서였다. 전공 서적을 보는 데 어려움이 없어 학점관리가 잘 되었다. 넉넉한 학점과 토익 점수로 서류전형이 쉽게 통과되었다. 면접에서 영어 실력을 테스트했다. 자신감 있는 영어 구사 능력은 학생에서 직장인으로 거듭나는 기쁨을 안겨주었다.

셋째, 직장에서 국제업무를 수행할 기회를 얻었다. 국제회의에 참석해 당당히 기관을 대변했다. 중국, 싱가포르 등 외국 기관이 직장에 방문할 때마다 발표를 담당했다. 외국인과 대내외적으로 소통하며 식견을 넓힐 수 있었다.

초등학교 3학년부터 교과목에 영어가 포함된다. 초등학교 다니는 아들이 3학년이 되었다. 어느 날 저녁 신문을 넘기는 내게 아내가 다가왔다.

"여보, 태은이 영어 동화책 좀 읽어줘요."
"내가 발음이 안 좋아서……."
"발음이 안 좋아도 아빠가 읽어주면 아이가 영어에 흥미를 느낀대요."

내키지 않은 마음에 발음 핑계 대고 빠져나가려는 내게 아내가 책을 한 권 건넨다. 『부모라면 유대인처럼』이었다. 책 제목이 관심을 끌어 한장 두장 넘기다 보니 내용에 빨려 들어갔다. 저자인 고재학은 "발음이 좋지 않아도 부모가 꾸준히 영어책을 읽어주면 자녀 영어학습에 큰 도움이 된다."라고 말한다.

발음이 안 좋아 주저했던 영어 동화책 읽어주기에 도전했다. 하루에 아들은 3권, 딸은 2권. 등장인물 캐릭터에 맞춰 변화를 주는 아빠의 과장된 목소리와 몸짓을 아이들이 좋아했다. 1단계에서 4단계까지 수준별로 되어 있는 영어 동화책 60권을 몇 달 동안 읽어주었다. 놀라운 일이 일어났다. 아들이 영어책을 더듬더듬 따라 읽기 시작했다. 단어는 모르지만 아빠가 반복해서 읽어주는 문장이 눈에 들어오나 보다. 제법 읽는 속도가 빨라졌다. "아빠, 이제 제가 읽어볼게요."라며 제법 의욕을 보인다. 아기에게 두음법칙, 자음, 모음 하면서 문법을 가르치는 부모는 없다. 엄마 아빠가 나누는 대화를 들으며 아기는 점차 한마디씩 입을 뗀다. "맘마".

내게는 영어라는 언어가 경쟁력 있는 무기가 되었다. 그 무기가 인생 미로에 갇힐 때마다 '호위무사'처럼 나를 지켜주고 인도해주었다. 지금은 자녀교육에 도움을 준다. 영어는 공부가 아니라 언어다. 20대 시절 마련한 무기 덕분에 자녀가 획일적인 학원 교육에서 해방되었다. 자녀는 아빠와 동화책을 읽으며 다른 언어를 즐기게 되었다.

당신은 어떤 무기가 있는가. 어떤 무기를 만들고 싶은가. 시류에 편승해 유행하는 자격증에 마음 흔들리지 마라. 내가 좋아하고 잘하는 것을 찾아내어 꾸준히 파고 들어가라. 확신을 가지고 묵묵히 내 길을 걷다 보면 마침내 경쟁력 있는 당신만의 무기를 손에 쥐게 된다. 기대하라. 새롭게 장착한 무기가 앞날을 밝히 보여주고 결정적인 순간에 당신에게 당당함을 선물할 것이다.

06
타인의 평가에 민감하게 반응하지 않기

집 현관을 들어섰다. 아내 표정이 평소와 다르다. 아들을 살짝 보더니 내 오른팔을 붙잡고 안방으로 이끈다. 옷도 갈아입지 못한 채 의자에 앉았다.

> "여보, 태은이 담임선생님에게 전화를 받았어요."
> "무슨 일인데요?"
> "선생님이 태은이 상담 치료를 받아보라고 얘기했어요."

눈이 크게 떠졌다. 상담 치료 얘기가 나올 정도면 초등학생인 아들에게 무슨 문제가 생겼구나 싶었다. 아내에게 이유를 물었다. 아들이 수업시간에 산만하고 친구들과 관계가 원만치 않아 치료 얘기를 꺼냈다고 한다.

며칠 동안 고민했다. 학교 선생님 전화까지 받았는데 그냥 넘길 수는 없었다. 상담센터를 알아봤다. 결국 아들은 5주 동안 놀이상담 치료를 받았다. 마지막 상담 치료 날에는 아들과 함께 가서 상담사 설명을 경청했다. 아들을 5주 동안 관찰한 상담 내용이 마음에 크게 와닿지 않았다. 상담사는 아들이 무슨 문제가 있는 듯 횡

설수설하며 몇 개월 추가 상담을 권했다. 아들 언행이 내게는 큰 문제로 보이지 않았다. 아들을 상담센터에 더 보내지 않았다.

충격적인 얘기를 들었다. 아내가 학부모 모임을 다녀온 뒤였다. 다른 학부모들도 그 선생님에게 같은 전화를 받았다며 흥분했단다. 한두 명이 아니었다. 오히려 담임선생님 행동이 문제가 있음을 알았다. 평소 교실에서 학생들에게 도가 지나치게 화를 낸다고 했다. 학생을 바르게 지도하는 일차적인 책임자는 담임선생님이다. 다혈질인 선생님은 인내심을 가지고 학생을 지도하기보다 자신이 맡은 학생을 외부 상담 기관에 떠넘기는 데 급급했다.

아들 언행은 또래 남자아이와 비슷했다. 아들 말을 충분히 들어주지 못해 미안했다. 선생님의 부정적인 평가에 속상한 나머지 아들에게 역정을 냈다. 아들은 강압적인 명령보다 부드러운 타이름을 따른다. 선생님의 직설적인 말에 상처받았을 아들 생각에 목이 멨다. 선생님 말에 민감하게 반응한 나를 후회했다.

자녀 평가에 예민하지 않을 부모는 없다. 감정이 앞서기 쉽다. 무작정 자녀를 두둔하거나 혼내는 건 옳지 않다. 신중해야 한다. 주변 상황을 살피고 사실관계를 정확히 파악한 후 대응해야 한다.

어머니가 쓰러졌다. "심장 수술을 하지 않으면 생명이 위험합니다. 수술하려면 보호자 서명이 필요합니다."라는 병원 연락을 받았다. 5남매 중 내가 있는 곳이 병원에서 가장 가까웠다. 직장 부서장에게 상황을 설명했다. 어머니 생명이 위태롭다는 말에도 부서장은 별다른 반응을 보이지 않았다. 얼굴 표정이 겨울날 얼어붙은 차가운 유리창 같았다. "어머니가 위급해서 조퇴하고 전주 병원에 가봐야 할 것 같습니다."라는 말에 형식적으로 고개만 끄덕였다.

아버지 기일이었다. 타지에 사는 형제들이 저녁에 고향 집으로 모인다. 어머니 혼자 종일 음식을 준비하기에 벅차다. 오후 휴가를 내고 아내와 고향으로 가서 어머니를 도울 계획을 세웠다. 부서장에게 휴가 얘기를 꺼냈다. "저녁에 가면 되지. 무슨 휴가냐?"라는 꾸짖는 듯한 답변을 들었다.

직장에서 '제안제도'를 운영한다. 직원들이 업무를 수행하며 불편한 사항이 생기면 제안해 개선해나간다. 제안심의위원회를 열어 제안사항을 심사한다. 우수제안으로 채택된 제안은 실행하고 우수제안자는 포상을 받는다. 그동안 꾸준히 제안했지만 한 번도 우수제안으로 채택되지 않았다. 제안심의위원회가 열린 어느 날이었다. 제안제도 담당인 선배가 나를 따로 보자고 한다. 사람이 없는 한적한 장소에서 선배 말을 들었다. 선배 표정이 진지했다. 부서장 한 명이 내 제안이 심의대상으로 상정되면 은근히 깎아내려 채택되지 못하게 한다는 내용이었다. 심지어 다른 심의위원이 우수하다고 평가한 내 제안을 심의가 더 이루어지지 못하게 말을 돌린다고 했다. 속이 울렁거렸다. 당장이라도 가서 따지고 싶었다. 하지만 민감하게 반응하면 나만 바보 될 것 같았다. 직장에서 아닌 건 "아니다!"라고 손들기 쉽지 않다.

세 가지 에피소드에 나오는 부서장은 '동일 인물'이다. 나를 못마땅하게 여기고 안 좋게 평가한 부서장. 내 실수를 기다렸다는 듯 매몰차게 반응하는 그의 표정과 눈빛이 나를 짓눌렀다. 훨훨 날고픈 나의 날개를 꺾었다. 약자 처지에서 견디는 수밖에 다른 도리가 없었다.

지금 그 부서장은 퇴직했다. 최소한 그 부서장보다 오래 근무하고 싶었다. 나를 힘들게 하는 사람 때문에 도망치듯 직장을 그만두고 싶지 않았다. 잘 버텼다. 우여곡절 풍파를 견디며 현재 직장을 16년째 다니고 있다. 안 좋은 평가와 평판을 딛고 지금까지 살아남았다. 사람들이 말하는 대로, 보는 대로 나 자신을 받아들였다면 불가능했다. 움츠러들수록 "잘하고 있다. 나는 소중하다."를 외치며 자신에게 자신감을 북돋아 주었다.

업무제안 얘기로 돌아가 본다. 제안심의위원회에서 채택되지 못한 내 제안이 몇 년이 지나 빛을 보았다. '드레스다운 데이'라는 제안이었다. 총무 부서에서 직원 근무복지 향상 차원에서 '드레스다운 데이'를 실행했다. '드레스다운 데이'는 금요일에 정장이 아닌 평상복을 입고 근무하는 날이다. 이 제안이 실행되면서 딱딱한 직장 분위기가 완화되었다. 평상복을 입고 출근한 금요일에는 직원들 표정이 평소와 다르게 편안하고 여유 있어 보인다. 비록 우수제안으로 채택되지는 못했지만 내 제안이 존중받고 실현되었다. 찌그러진 채 버려진 음료수 캔과 같던 마음이 활짝 펴졌다.

어떻게 해야 타인 평가에 민감하게 반응하지 않을 수 있을까?

첫째, 침묵하며 혼자만의 시간을 가져라. 중요하고 민감한 상황일수록 적극적으로 혼자가 돼라. 사람은 혼자일 때 자신이 사는 이유와 목적을 돌아본다. 사람 없는 길을 홀로 걸으며 내면 소리에 귀 기울여 보라. 세상 소리에서 멀어지고 세상이 평가하는 숫자에서 벗어날 것이다.

둘째, 나에게 내려진 평가가 옳은지 자문해보라. 그 평가가 옳고 그름은 자신이 잘 안다. 평가가 옳다고 인정되면 화를 내기보다 잘못을 깨우쳐준 사람에게 더운 날 수박 한 통 들고 가서 고마워해야 한다. 왜곡되고 한쪽으로 치우친 평가라고 생각되면 속으로 '통과'를 외치자. 잘못된 평가를 심각하게 받아들이면 나만 손해다. 곱씹어 생각해서 스스로를 괴롭히지 말고 내게 해당하지 않는 말이면 '통과'라고 혼잣말하며 날려 보내라.

셋째, 행동에 대한 평가인지 존재 자체에 대한 평가인지를 구분하라. 내 잘못된 행동이나 태도를 비판하면 겸허히 수용해야 한다. 타인 비판을 수용함이 성장의 지름길이다. 하지만 잘못이 초점이 아니라 사람 자체를 비난하는 경우는 무시하라. 특정 사람이 싫다고 트집 잡는 이들은 무시가 상책이다. '죄는 미워하되 사람은 미워하지 말라.'는 말처럼 잘못된 평가를 내 존재 자체와 연결 짓지 마라.

'나는 어떤 사람인가'라는 평가를 타인에게서 찾지 마라. 타인 평가가 내 인생을 결정짓도록 방관하지 마라. 남이 정한 평가 기준에 맞춰 사느라 발버둥 치지 말고 스스로 결정하고 책임지는 주체적인 삶을 살자.

내가 나를 어떻게 생각하고 평가하는지가 중요하다. 내게 의미 있는 가치와 목적에 민감하게 반응해보라. 다른 사람을 의식하느라 거북이 등처럼 딱딱하게 굳은 자아가 결과에 자유롭고 과정 자체를 즐기는 유연한 모습으로 거듭날 것이다. 봄 언덕을 누비며 세상 부러울 것 없이 훨훨 날아다니는 나비처럼.

07
나를 변화시키는 좋은 습관 만들기

"매일 아침 이부자리를 정돈하면 다른 좋은 습관이 저절로 따라
온다."라는 말이 있다.

아침에 일어나면 이부자리부터 정돈한다. 외출하고 집에 돌아오
면 편안한 옷으로 갈아입는다. 벗은 옷은 옷걸이에 꽂아 옷장에
걸어둔다. 양말, 속옷 등 빨래는 세탁기 옆에 놓인 바구니에 집어
넣는다.

자녀는 부모 뒷모습을 보며 자란다. 아버지는 '정리 정돈' 귀재였
다. 어린 시절 용돈이 필요할 때면 아버지 방문을 두드렸다. 침대
에 앉아 아버지를 바라봤다. 아버지는 눈치를 채고 "돈 떨어졌니?"
라고 말하며 지갑을 열었다. 지금도 눈에 선하다. 아버지 책상은
깔끔했다. 연병장에 서 있는 군인처럼 물건들이 군기가 바짝 들어
각이 잡혀있었다. 옷들은 상의, 하의로 구분되어 옷장에 가지런히
걸려있었다. 아버지 방에 들릴 때마다 책상 위 물건, 옷장 안의 옷
위치가 한결같음을 인식했다. 나도 모르게 아버지 습관을 따라 하
는 나, 아버지를 닮아 있는 자신을 발견할 때마다 흠칫 놀란다.

신혼이었다. 결혼 전까지 아내 생활습관을 몰랐다. 여자는 남자
보다 물건 정리를 잘하고 깔끔할 거라는 선입견이 있었다. 그 선입

견이 깨지는 데 오래 걸리지 않았다. 외출하고 돌아온 아내가 뱀 허물 벗듯 양말 한 짝은 이쪽 다른 쪽은 저쪽으로 벗어 '휙' 던지는 게 아닌가. 화장대에 널브러져 있는 화장품들이 일으켜 세워달라고 나를 애처로운 눈빛으로 바라본다. 다용도실은 질서가 사라진 지 오래다. 물품들이 군기 빠져 줄 안 맞추고 옆으로 삐져나온 말년 병장 같다.

퇴근하고 집에 돌아오면 아무 생각 없이 쉬고 싶다. 하지만 눈에 아른거리는 '무질서'가 나를 쉬지 못하고 움직이게 한다. 화장실 앞에 쌓여 있는 빨랫감을 집어 다용도실 빨래통으로 가져간다. 여기저기 거실 바닥에 방치된 종잇조각을 주워 쓰레기통에 넣는다. 갑자기 혹 올라와 나도 모르게 소리를 지른다. 소리 지른 나도, 그 소리를 들은 아내도 놀라 서로 바라본다. 부풀어 올라 터져 버린 풍선처럼 쌓인 불만이 터졌다. 아내와 나의 차이점을 알았다. 아내는 정돈이 안 된 상황에 스트레스를 받지 않는다. 나는 물건이 제자리에 있지 않으면 눈에 거슬린다. 정리가 돼야 다른 일에 집중할 의욕이 생긴다.

외롭다. 자녀도 엄마 편이다. 자기 방 정리는 기대할 수 없다. 거실 화장실 주방 등 다니는 곳마다 흐트러진 흔적을 남긴다. 나는 같은 말을 두 번 듣는 것을 싫어한다. 같은 말을 두 번 하는 것도 마찬가지다. 자녀에게 "정리 좀 하며 살자."라며 잔소리가 늘었다. 같은 말을 여러 번 하는 상황 때문에 화가 나 머리카락이 쭈뼛쭈뼛 천장을 찌를 듯하다. 변함없이 반복되는 상황을 보며 내가 변하는 게 빠르다는 깨달음을 얻었다. 말로 상대방을 변화시키려는 사람은 '미친개의 귀를 잡는 자'처럼 어리석다.

올해 결혼 14주년이다. 아내가 청소하다가 중얼거리는 말을 듣고 웃음이 '빵' 터졌다. "집이 정돈이 안 되어 있으니 맘이 불편하네. 안 그랬는데 내가 왜 이렇게 변했지." 기적이다. 아내가 어질러진 집을 그때마다 정돈하는 사람으로 변했다.

아내는 책을 좋아한다. 거실에 놓인 육 인용 탁자에는 가족 자리가 정해져 있다. 아내 자리에는 항상 도서관에서 빌린 책들이 탑을 쌓았다. 나는 1년에 한 권도 책을 읽지 않았다. 아내가 책을 계속해서 읽는 이유가 궁금했다.

> "책을 읽고 나면 내용을 잊어버리잖아요. 왜 그렇게 매일 책을 읽나요?"
> "섭취한 음식이 몸에 영양을 제공하고 배출되잖아요. 책을 읽으면 내용이 기억나지 않더라도 뇌와 마음에 좋은 영향을 남긴대요."

평소 아내가 책을 같이 읽자는 말이 안 들렸다. 하지만 그 말을 듣고 카운터 펀치를 한 방 맞은 듯 머리가 흔들렸다. 이유는 모르겠지만 아내 말에 공감이 되어 아내가 빌려온 책을 같이 읽기 시작했다. 처음에는 한 권을 한 달 만에 읽었다. 책 한 권을 읽으니 '내가 책을 다 읽다니' 무언가 성취감을 느꼈다. 책 읽는 속도가 빨라졌다. 2주에 한 권을 읽었다. 수필집을 읽으며 가슴이 뭉클했다. 책을 읽으며 눈물을 훔친 뒤로 도서관에 직접 가서 읽고 싶은 책을 빌려왔다. 읽은 책 제목을 수첩에 기록하며 한 해 동안 몇 권을 읽었는지 세어보았다. 30권을 읽었다. 1년에 책 한 권도 읽지 않던 내가 이제는 한주에 책 한 권을 읽으려고 집중한다.

문화체육관광부에서 발표한 '2017년 국민독서실태조사'에 따르면 성인 1년 평균 독서량이 8.3권으로 2015년 9.1권보다 감소했다. 대한민국 성인이 한 달에 책 한 권도 안 읽는 셈이다. 지하철을 타면 모든 사람이 고개를 숙이고 스마트폰에 빠져있다. 인터넷과 스마트폰은 사람들을 즉각적인 반응에 길들이고 사색과 멀어지게 한다. 예전보다 지하철에서 책 읽는 사람을 찾아보기 어려운 세상이다.

책을 읽으며 나를 돌아본다. 과거 실수를 떠올리며 괴로움에 머리를 좌우로 흔든다. 앞으로 살아갈 방향에 대해 생각 바다에 빠진다. 책과 친구가 되면서 TV와 멀어졌다. "사람은 책을 만들고, 책은 사람을 만든다."라는 말처럼 책을 통해 꿈을 키워간다. 방치되어 먼지투성이인 마음을 정돈한다.

주말에 아내와 서점에 들렀다. 한비야의 『지도 밖으로 행군하라』가 눈에 들어왔다. 한비야가 민간 국제기구인 월드비전을 통해 세계 곳곳의 현장에서 구호 활동한 내용이 쓰여 있었다. 책을 읽으며 전쟁과 자연재해로 힘들어하는 사람들, 세계 곳곳의 구호 현장에서 죽어가는 사람들이 많음을 실감했다. 현실을 직시하며 많은 것을 누리고 있음에 감사했다. 내가 가지고 있는 작은 것이 다른 이들에게 큰 것이 될 수 있음을 깨달았다. '나보다 어려운 사람을 위해 무언가 할 수 있지 않을까?'라는 생각에 이르렀다. '나눔'이라는 단어가 머릿속에 떠올랐다. 무엇을 하면 좋을까 고민했다. 처음부터 욕심부리지 않고 작은 첫걸음을 떼었다. 월드비전을 통해 남아프리카 잠비아에 사는 네 살 여자아이에게 후원을 시작했다.

월드비전 아동 후원이 디딤돌이 되었다. 기부에 마음이 움직였다. '나눔 통장'을 만들어 매달 10만 원을 저축했다. 11월이 되면 모은 돈을 기부했다. 한 해는 졸업한 초등학교에, 다음 해는 중학교에 장학금을 전달했다.

초등학교 선생님이 형형색색의 겨울 점퍼를 입은 학생들 사진 파일을 첨부해 이메일을 보내왔다. "동문님이 보내준 장학금을 어떻게 사용할지 장학위원회에서 논의했답니다. 가정 형편이 어려운 아이들이 따뜻하게 겨울을 보내라고 점퍼를 사서 전달했어요." 중학교 교장 선생님에게 전화를 받았다. "동문님, 이 학교에 부임한 지 4년입니다. 개인이 장학금을 기부한 건 처음이에요. 감사합니다. 귀하게 사용하겠습니다."

새해가 되면 올해는 어디에 기부할지 아내와 상의한다. 나눔을 생각하는 아내와 내 마음이 '천국'이 된다. 나눔을 실천하기 전에는 모르던 세계가 열렸다. '마음 부자'가 되었다. 성경 신약성서에 "오직 선을 행함과 서로 나누어 주기를 잊지 말라."라는 말이 있다. 나는 10대에 죽었다가 다시 사는 인생이다. 지금 누리고 있는 것만으로도 충분하다. 나눔을 실천하면서 더 열심히 살아야겠다는 생각이 든다. 더 많이 나누고 싶다. 나눌 수 있어 감사하다.

가훈을 '나눔과 성장'으로 정했다. 나눔과 성장이라는 가치를 실천하며 다른 사람을 이롭게 하는 삶을 살고 싶고 자녀가 그렇게 살기를 소망한다. 나눔이 습관이 될 때 더불어 행복한 삶을 살 게 된다. 독서는 효과가 당장 눈에 띄지 않지만 삶을 지탱해 줄 무형의 저축이다. 독서와 친구가 될 때 어제보다 나아진 성장을 경험한다.

생각이 행동을 낳는다. 반복되는 행동은 습관을 만든다. 습관은 사람을 변화 시켜 삶의 방향을 결정한다. 좋은 '생각 씨앗' 하나를 심어보라. 멋진 삶을 살고 싶다면 나쁜 습관과 절교하고 좋은 습관과 사귀어라. 좋은 습관은 나를 감사 체질로 변화시키고 다른 사람을 살리는 열매를 맺게 한다.

자신만을 위해 살기보다 가지고 있는 것을 나누는 삶, 내가 성장한 만큼 다른 사람의 성장을 돕는 삶에 도전해 보라. "사람이 책을 만들고, 책이 사람을 만든다."라는 말처럼 내가 습관을 만들고, 습관이 나를 만든다.

08
함께 하고 싶은 사람들과 동행하기

　직장에서 교육을 담당했다. 강사 섭외 중에 교육컨설팅 회사를 통해 교육내용에 적합한 강사를 소개받았다. 교육이 끝난 후 강사에게 물었다.

　　"댁이 어디세요?"
　　"인천이에요."
　　"갈 길이 머네요. 구내식당에서 식사하고 가세요."

　식사하며 두런두런 얘기를 나누다 보니 대화가 잘 통했다. 함께 식사한 일이 인연이 되어 지금도 연락하며 좋은 관계로 지낸다. 서울 갈 일이 있으면 강사님에게 미리 연락한다. 일정이 맞으면 식사하고 차를 마시며 회포를 푼다.

　강사님은 내 생각과 감정에 공감하고 앞으로 이루고 싶은 꿈을 지지해준다. 가족 외에 누군가에게 지지를 받는 일은 흔치 않다. 응원해주는 강사님과 앞으로도 삶을 동행하고 싶은 마음이다. 강사님과 공감을 주고받으며 인간관계에서 느껴온 만성적인 공허함이 사라졌다. 함께 하고 싶은 사람과 긍정적인 관계를 쌓아가면서 관계에 자신감을 얻었다. 자신감이 다른 사람과 관계를 맺는데 여유를 주었다.

휴대폰에 모르는 번호가 울렸다.

"병태야, 오랜만이다."
"네, 누구……?"

중학교 동창이었다. 중학교를 졸업한 지 25년이 넘었다. 나이 마흔이 넘으니 모임의 필요성을 느껴 동창회를 만들었다고 한다. 운영경비가 필요하다며 동창회비 납부를 부탁했다. 통장 계좌번호를 받아 바로 입금해 주었다. 이후로 동창회 총무에게 3개월에 한 번씩 모임 공지 문자를 받았다. 동창 모임에 참석하려고 주말에 가족을 뒤로한 채 대전에서 전주까지 움직이는 건 쉽지 않다. 솔직히 내키지 않는다. 학창시절을 함께 보낸 3년에 비해 각자의 인생 여정을 살아온 세월이 훨씬 길다. 같은 학교를 졸업한 동창이라는 울타리에 묶여 의무감으로 모임에 참석하는 게 어색하고 다른 사람 옷을 입은 것처럼 부자연스럽다.

어려운 일이 생기면 조언을 구하는 선배와 카페에서 만났다. 인간관계 어려움에 관해 얘기를 나누던 중 선배가 불쑥 말을 꺼낸다.

"고등학교 동창 모임, 대학 동기 모임에서 탈퇴했다."
"무슨 일 있으세요?"

선배는 사업이 어려워졌다. 경제 형편이 기울어져 결혼식장, 장

례식장 등 동창들 애경사에 '봉투 배달' 다닐 여력이 없어졌다. 그동안 쏟아부은 돈이 아깝지만 더는 마음 내키지 않는 모임에 억지로 끌려다니기 싫었단다. 언젠가부터 모임에 나가봐야 술만 먹고 은근히 자기 자랑투성이인 동창들을 보며 불편해진 마음도 원인이었다.

사람들은 저마다 학연, 지연에 따라 모인다. 대부분 순수함 없이 이해타산적이다. 다른 사람에게 돈이 나갈 때는 아깝고, 내가 혜택 볼 날만 기다린다. 내 자녀가 언제 결혼할지, 부모가 언제 세상을 떠날지 어찌 알겠는가. 그동안 투자한 봉투가 눈에 아른거려 회수할 날만 바라보며 모임에 매여 사는 사람이 부지기수다.

A 후배가 이사했다며 집에 초대했다. 결혼 전부터 잘 지내는 후배였다. 구워 먹을 고기와 후식으로 수박을 샀다. 오랜만에 쌓인 이야기를 풀 생각에 마음이 들떴다. 집에서 출발하려는 순간 후배에게 전화가 왔다.

"형, 친구랑 통화하다가 오늘 모임 얘기했더니 함께 하고 싶어 하네요."
"몇 년 만에 우리 얼굴 보는데 다른 사람이 끼면 어색하지 않을까?"

모임에 함께 하고 싶은 후배 친구를 개인적인 친분이 없을 뿐 전혀 모르는 건 아니었다. 결국 세 부부가 이사한 후배 집에 모였다. 예상했던 거와 달리 어색함 없이 분위기가 물 흐르듯 원활했다. 대화 궁합이 잘 맞았다.

그렇게 J 후배 부부와 인연을 맺었다. 그때 만남 이후 J 후배 부부와 오가며 함께 추억을 쌓아간다. 어린 자녀들과 함께 겨울에는 무주에서 눈썰매를 타고 여름에는 리조트에서 물놀이를 즐긴다. J 후배와 탁구를 함께 즐기는 운동 친구가 되었다. J 후배는 나를 존중해주는 고마운 존재이다. 기쁜 일이 있을 때나 힘든 일이 있을 때 내게 연락해주는 소중한 사람이다. 연말이 다가오면 서로를 가정에 초대해 마음으로 준비한 요리를 나눈다. "입이 열리면 마음이 열린다."라는 말처럼 같은 식탁에서 음식을 나누다 보면 더 가까워진다. 매년 송년 모임을 함께 하며 기념사진을 남긴다. 함께 하고 싶은 사람과 보낸 소중한 기억은 사진처럼 세월이 지나도 변하지 않는다.

정기적으로 만나는 가정이 있다. 모두 다섯 가정이 모인다. 나이가 20대 후반에서 40대 중반까지 다채롭다. 신혼부부인 가정을 제외하고 네 가정은 자녀가 두 명씩이다. 다섯 가정이 모일 때마다 웃음꽃이 핀다. 부모 얼굴에 핀 꽃을 바라보는 아이들은 마냥 행복하다. 아이들 여덟 명은 모일 때마다 활화산처럼 에너지를 분출한다. 함께 얼싸안고 기뻐 뛰논다. 서로 끌어주고 밀어준다. 어려서부터 부모 모임을 통해 '더불어' 정신을 배운다.

각 가정은 진지하게 삶의 무게를 공유한다. 30대 중반인 후배가 이직을 원했다. 10년 가까이 근무한 직장에서 매너리즘에 빠져 일할 의욕이 안 나는 게 이유였다. 이력서를 취업 사이트에 올렸는데 여러 군데서 연락을 받아 행복한 고민 중이란다. 토론이 벌어졌다. "안정적인 직장을 그만두면 후회한다. 옮긴 직장도 만족스럽지 않을 수 있다. 돌아오지 못할 강을 건너게 된다." "아니다. 젊을 때 도전해야 한다. 새로운 의욕을 얻고 힘을 낼 수 있는 직장으로 옮기는 게 낫다." 모두가 자기 일처럼 팔을 걷어붙인다. 후배는 도전을 선택해 서울로 이직했다. 잘 되기를 모두가 진심으로 바랐다.

한 가정은 네 살인 딸이 자주 아팠다. 어렸을 때는 고열이 가장 위험하다. 아이가 열이 40도까지 올라 며칠 동안 입원했다. 주말에 아이가 좋아하는 과자인 양파링을 사서 문병했다. "애가 아파 부모가 고생이 많다."라며 손을 꼭 잡아주었다. '멀리 가려면 함께 가라.'는 말처럼 마라톤과 같은 나그네 인생길 함께 걸으니 힘든 일도 언제 그랬냐는 듯 스쳐 지나간다.

사람은 누구나 감정을 나누고 공유할 친밀한 대상이 필요하다. 넓고 얕은 관계보다는 좁지만 깊은 관계 울타리를 만들어 보라. 함께 하고 싶은 사람들이 나를 둘러싼 울타리를 생각만 해도 가슴 따뜻해지지 않는가. 좋아하는 지인들과 함께 보내는 정기적 만남은 삶을 기름지게 한다. 그들과 보낸 소중한 세월은 서로에게 든든한 인생 배경 그림이 되어준다.

비만한 사람에게 음식 다이어트가 필요하듯 인간관계에도 다이어트가 필요하다. 동창회, 계모임 등 의미 없이 습관처럼 만나는 관계는 정리가 필요하다. 진심으로 함께 하고 싶은 사람에 집중하라. 나를 이해 못 하고 공감하지 않는 사람에게 처세 때문에 억지로 끌려다니지 마라. 내가 하고 싶은 일만을 하고 동행하고 싶은 사람만을 만나기에도 인생은 짧다.

'이리저리 둘러봐도 제일 좋은 건 그대와 함께 있는 것'이라는 〈행복을 주는 사람〉 노랫말처럼 마음으로 함께 하고 싶은 사람들과 동행하자. 더 나아가 내가 다른 사람이 함께하고 싶은 사람이 되자.

생각 나눔터

질문은 더 좋은 미래를 여는 열쇠입니다. 자신과의 솔직한 대화는 내면을 단단하게 다지고 자존감을 높여줍니다.

1. 직면하지 못하고 애써 피하고 있는 상황이나 사람이 있는가?

2. 자신에게 붙은 꼬리표는 무엇인가? 다른 사람에게 붙인 꼬리표는 무엇인가?

3. 인간관계를 어떻게 맺고 있는가? 관계가 넓고 얕은 편인가, 좁지만 깊은 편인가?

4. 나를 위로해 주는 친구 같은 취미는 무엇인가?

5. 나만의 경쟁력 있는 무기는 무엇인가? 앞으로 어떤 무기를 손에 쥐고 싶은가?

6. 타인 평가에 어떻게 반응하는가? 마음이 굳어버리는가, 유연하게 대처하는가?

7. 나를 변화시킨 좋은 습관은 무엇인가? 끊어야 하는 안 좋은 습관은 무엇인가?

8. 기쁠 때나 힘들 때나 나그네 인생길을 함께 걸으며 동행하고 싶은 사람은 누구인가?

5장

이제 가슴이 시키는 일을 할 때이다

01
절박할 때 찾아온 기회를
흘려보내지 마라

1970년대생인 40대는 '버림받은 세대'라는 자조 섞인 말이 있다. 40대가 겪은 일자리 고통이 끔찍하기 때문이다. 그들이 20대이던 1997년 외환위기로 청년실업률이 8~9%에 육박했고, 30대이던 2008년 글로벌 금융위기로 2년간 대규모 실직 사태가 발생했으며, 2018년 경기 급락 여파로 대량 실직하여 40대가 자영업에 내몰려졌다.

많은 사람이 창업을 꺼리며 또한 주변에서 말린다. 통계청 자료에 따르면 숙박·음식점 등 소상공인 자영업자의 창업 5년 생존율은 17.9%에 그친다. 이는 창업기업 3개 중 2개가 3년 이내에 사라짐을 뜻한다. 그런데도 창업하려는 인구가 늘고 있다. 취업은 하늘의 별 따기처럼 어렵고 일자리를 잃은 사람이 많기 때문이다.

마흔이 되면서 삶의 방향에 대해 생각하기 시작했다. 인생 후반전은 지금과 다르게 살고 싶은 마음이 솟아났다. 사람은 누구나 29세에서 30세, 39세에서 40세로 넘어갈 때 등 다음 10년으로 넘어가는 아홉수 나이가 되면 생각이 많아진다. 인생 방향과 목적에 대해 고민하고 자신을 성찰하게 된다.

반복되는 직장생활에 활력이 떨어졌다. 아침에 출근하고 저녁에

퇴근하는 반복적인 일상에 기쁨이 사라진 지 오래다. 목적 없이 쳇바퀴를 계속해서 돌리는 다람쥐 같다. 나를 일으켜 세울 새로운 힘이 절실했다. 무언가 돌파구가 필요했다.

사내 게시판 공지가 눈길을 끌었다. '직장인 글쓰기 강의' 안내였다. 교육 일정을 수첩에 메모했다. 당일이 되었다. 알 수 없는 기대 감이 교육장으로 발걸음을 재촉했다. 꿈, 글쓰기에 대해 한 시간 동안 강의를 들었다. 다른 교육과 달리 졸리지 않고 집중케 하는 흡인력이 있었다. 가슴에서 두근거림이 느껴졌다. 강의를 마치고 강사가 교육장을 빠져나가려 한다. 마음이 '붙잡으라' 말했다. 강사에게 다가갔다. "강사님, 강의 인상 깊었습니다. 5분만 시간 내주실 수 있나요?" 그러던 게 무려 20분 넘게 상담이 이어졌다. 평소 느끼던 답답함과 가슴에 품은 꿈을 나누었다.

"강연가가 되고 싶습니다. 사람들과 소통하며 위로와 힘을 주는 강연가."
"강연가는 콘텐츠가 중요합니다. 책을 써보세요. 책이야말로 최고의 강연 콘텐츠입니다."

강사는 자신의 저서를 내게 선물했다. '양병태 작가님 글쓰기로 다시 일어섭니다.'라는 응원 메시지를 손수 적어서. 내 이름 뒤에 붙은 작가라는 말이 어색했지만 나를 웃음 짓게 했다. 어렴풋이 작가가 되고 싶은 꿈을 꾸게 했다.

강사가 선물한 책을 한숨에 읽어냈다. 풀리지 않아 답답했던 생각이 트이고 체한 듯한 가슴이 시원하게 내려갔다. '책 쓰기'라는 단어가 보석처럼 가슴에 박혔다. 책 쓰기 관련 서적을 2권 더 구매했다. 퇴근 후 정돈된 마음으로 정독했다. 가슴이 뛰었다. 벅찬 마음에 책을 덮고 창밖 너머로 보이는 산을 한참 바라보았다. 양손을 꽉 쥐었다. '그래. 책을 써야겠다!'라는 결심이 섰다. 나는 무슨 일에 동기 부여되면 앞뒤 재지 않고 직진한다. 하지만 무엇을 써야 할지부터 막혔다. 명절에 꽉 막힌 고속도로에 갇힌 차처럼 한 걸음도 더 나아가지 못했다.

어느 날 생각에 잠겨있는 찰나에 문자가 들어왔다. 몇 달 전 직장에서 강의한 강사가 개최하는 '책 쓰기 특강' 안내 문자였다. 책을 쓰려고 결심했지만, 답보상태에 빠진 내게 사막의 오아시스 같은 기회로 느껴졌다.

'카이로스'는 그리스 로마 신화에 나오는 '기회의 신'이다. 앞머리는 머리숱이 무성하고 뒷머리는 대머리인 카이로스의 모습은 사람들에게 궁금증을 일으킨다. 그의 생김새에는 재빨리 왔을 때 잡지 않으면 놓치고 마는 '기회'의 성격이 투영되었다. 두 발에는 최대한 빨리 사라지려고 작은 날개가 달려 있다. 왼손에 들린 저울의 의미는 일의 옳고 그름을 정확히 판단하라는 뜻이며 오른손에 칼이 들린 이유는 칼날로 자르듯이 빠른 결단을 내리라는 뜻이다.

내게 온 기회를 주저 없이 붙잡았다. 늪에 빠진 삶에서 벗어나기 위해 지푸라기라도 잡고 싶은 심정이었다. 토요일 황금시간을 가족과 보내지 못하는 미안함을 뒤로하고 서울행 버스에 몸을 실었다. 특강 장소에 책 쓰기에 관심 있는 사람들이 모여 있었다. 글쓰기나 독서와 거리가 먼 나는 왠지 어깨가 오그라들었다.

강의가 시작되었다. 특강을 듣는 내내 얼굴이 상기되었다. 가슴에서 올라오는 생각을 노트에 적느라 손가락이 바삐 움직였다. 두 시간이 2분처럼 느껴졌다. 특강 후 참석자들과 티타임을 가졌다.

책 쓰기에 동기부여는 됐지만 선뜻 도전하기가 주저된다는 사람이 대부분이었다. 나는 새로운 동력이 필요한 시점이었다. 인생 2막을 펼쳐가고 싶은 마음이 절실했다. 책 쓰기에 도전했다. 새로운 도전이 막힌 인생에 활로를 열었다. 답답하고 어두운 터널에서 나를 꺼내 주었다.

'멘토'의 어원을 아는가. 오디세우스는 트로이 전쟁에서 목마를 구해 전쟁을 승리로 이끈 그리스 신화 영웅이다. 오디세우스는 전쟁에 나가기 전에 아들을 친구에게 맡긴다. 20년 후 전쟁에서 돌아와 아들을 보니 너무나도 훌륭하게 성장해 있었다. 오디세우스가 자기 아들을 맡긴 친구 이름이 바로 '멘토'이다. 오디세우스 친구 이름을 따서 자신에게 가르침을 주는 사람을 우리는 멘토라 부르게 되었다.

지금까지 살아오면서 나를 가까이서 지도해준 멘토를 만난 경험이 없다. 사람 인연은 알 수 없다. 누구나 소중히 여겨야 한다. 직장 교육으로 인연을 맺은 강사는 책 쓰기라는 미지의 세계로 항해를 떠나는 내게 아낌없이 조언해주는 멘토가 되었다.

마흔이 넘으면서 세상에 끌려다니며 살기보다 '나다움'을 회복하고 싶어졌다. 이루고 싶은 꿈이 생겼다. 내가 무엇을 하고 싶은지, 무엇을 할 때 행복한지를 발견했다. 불후의 걸작으로 꼽히는 『노트르담 드 파리』 저자인 빅토르 위고는 "미래는 여러 가지 이름을 갖고 있다. 그것은 약자들에게는 도달할 수 없는 것, 겁 많은 자들에게는 미지의 것이다. 그러나 용감한 자들에게는 기회이다."라고 말했다.

내면에서 울리는 소리를 더는 외면하지 않고 마주 보는 용기를 내어 본다. 감추어져 있는 나만의 색깔을 꺼내 내 시선으로 세상을 그려나가고 싶다. 꺼져가는 내면의 불씨를 살려 세상을 밝히는 희망 등대가 되기를 소망한다.

'언젠가 시작해야지'라며 미루는 일이 있는가. 지금 당장 시작하라. 우물쭈물하는 사이에 기회는 날아간다. 어린 자녀가 달력에 표시하고 손꼽으며 기다리는 소풍날처럼 기회를 기대하며 준비하자. 절박함은 자기 성장의 동력이 된다. 절박한 사람은 누가 하라고 강요할 필요가 없다. 스스로 앞날을 준비한다. 하늘은 준비된 자에게만 기회를 허락한다. 절박할 때 찾아온 기회를 그냥 흘려보내지 마라. 배움의 기회, 훌륭한 가르침을 줄 수 있는 멘토를 만났을 때 놓치지 마라. '무엇을 배우고 누구와 함께하느냐?'에 따라 인생이 달라진다.

02
1초의 용기가 인생을 바꾼다

忍一時之氣 免百日之憂 (인일시지기 면백일지우)

'순간 성냄을 참으면 백날 근심을 면한다.'라는 뜻으로 명심보감에 나오는 말이다. 순간 치밀어 오르는 화를 참지 못해 사업을 그르치거나 관계가 상한 일은 주변에 흔하다. 분노와 혈기를 참는 건 지는 게 아니라 지혜롭고 용기 있는 모습이다.

점심 약속이 있었다. 식당 주변 공터에 주차 중이었다. 후방카메라를 보며 후진하는 사이 예비 경보음이 울렸다. 아직 부딪힐 정도는 아니었다.

쿵.

차에서 내렸다. 죄송하다고 사과하며 뒤차 상태를 살폈다. 시동이 켜져 있었다. 상대 차주는 자신 차가 멈춰있던 상태에서 내 차가 와서 부딪혔다고 주장했다. 상대방이 명함을 요구해 명함을 건넸다. 이번에는 신분증을 보여달라고 한다. 식사 약속으로 급히나와 신분증을 휴대하지 않았다. 명함과 차 번호가 있으니 신분확인에 문제가 없을 거라는 말을 건넸더니 신경질적인 반응이 돌아왔다.

"내가 당신을 어떻게 믿어. 이 명함이 당신 거라는 보장이 어딨어."

마치 범죄자 취조당하는 기분이었다. 순간 내 안색이 변했다. 가슴에서 꿈틀거리는 덩어리를 한번 눌렀다. 상대방은 나중에 정비소에 가서 이상 있으면 연락한다며 뒤돌아섰다. 예전 일이 떠올랐다. 그때도 가벼운 접촉사고였다. 별 탈 없이 마무리하기로 했던 상대가 며칠이 지나 태도가 확 바뀌어 병원 치료에, 차 과잉 수리로 힘겹게 마무리된 사건이었다. 정신이 번쩍 들었다. 그냥 가려는 상대에게 말했다. "선생님, 단골 정비소가 근처면 지금 같이 가시죠. 선생님이 저를 못 믿은 것처럼 선생님을 어떻게 믿나요. 나중에 다른 말씀 하실지."

점심 약속을 취소하고 정비소에 갔다. 상대방은 차에서 내리자마자 "내가 얼마나 바쁜 사람인지 알아?"라며 얼굴을 붉혔다. 정비소 직원이 상대방 차 앞 범퍼를 살폈다. 자국 하나 없는 멀쩡한 차를 오래 들여다봤다. "범퍼 도색을 해야겠네요."라는 말을 쉽게 꺼냈다. 직원에게 어느 부분이 부딪혔는지 자국이 있으니 내 차 뒤 범퍼를 봐달라고 요청했다. 직원은 내 차를 쳐다보지도, 나를 상대하지도 않았다. 그저 상대방에게 보험처리만 해주면 정비소에서 알아서 처리하겠다는 말뿐.

억울함과 분노로 말문이 막혔다. 상대방은 의기양양해졌다. 자신이 얼마나 바쁜 사람인 줄 아느냐는 말을 되풀이하고 돈 때문에 이러는 줄 아느냐고 소리쳤다. 돈이 300억 원이 넘게 있다는 말까지 했다. "그냥 넘어가려고 했는데 안 되겠네."라며 수리하는 동안 차를 렌트하고 목이 아픈 것 같다며 병원에 가보겠다고 엄포를 놓았다. 상대방은 자기 차 보험사에 전화에 보험처리를 의뢰했다. 보험상식이 없어 보였다. 가해 차주 측 보험사 사고신고 접수번호가 있어야 수리할 수 있는데 말이다. 흥분한 상대방에게 설명했다. "제 쪽 보험회사에 연락해야겠네요. 그래야 선생님 차 수리가 가능합니다."

보험회사에 전화하기 전에 상대방이 준 명함을 문득 보았다. Y 그룹 회장이었다. 흠칫했다. 내색하지 않은 채 보험사 직원과 통화했다. 보험사 직원은 주차장에서 벌어진 일인지 물었다. 길가에 불법 주차하다가 벌어진 사고라고 답변했다. 상대방은 내 옆에서 통화 내용을 듣고 있었다. 보험사 직원이 "보험으로 처리하면 상황이 복잡해지고 금전적으로도 손해니 현장에서 위로금 건네며 마무리하는 게 좋겠네요."라고 조언했다. 상대방이 헐기 부리며 차 과잉 수리, 렌트, 병원 얘기까지 나오는 마당에 '이대로 두면 피해가 크겠다.' 싶었다. 통화를 마치고 상대방에게 다가갔다.

"회장님, 죄송했습니다. 명함을 보니 그룹 회장님이시네요. 제가 몰라뵀습니다. 신분증을 요구하시고 저를 어떻게 믿냐고 하시니, 마치 범죄자가 된 기분이었어요."

'회장님'이라는 말에 상대방 표정이 누그러졌다. 이 기세를 놓치지 않았다.

"사죄하는 마음으로 20만 원 드릴 테니 마음 푸시는 게 어떠시겠습니까?"

말을 놓았던 상대방이 다시 말을 올렸다.

"그 돈 안 받아도 됩니다. 그냥 없던 일로 합시다."
"회장님, 감사합니다."

나를 바닥까지 내려놓았다. 왠지 그래야 할 것 같았다. 지금 참지 않으면 후폭풍이 만만치 않을 것을 직감했다. 그때까지 상대방 차량에 대해 몰랐다. 차가 지저분하고 SUV여서 무쏘급으로 여겼다. 저녁 식탁 자리에서 낮에 있었던 일을 아내에게 털어놨다. 아내는 내 휴대폰 카메라로 찍은 사진을 보며 상대방 차종부터 확인했다.

'랜드로버'. 랜드로버는 신발 브랜드인 줄만 알았다. 검색 실력이 뛰어난 아내는 바로 가격을 찾아냈다. 아내 입이 벌어져 다물어지지 않았다. 차 가격이 무려 2억 원이 넘었다. 프리미엄 SUV 외제 차량이었다. 아내는 한번 숙이기를 잘했다며 '위기탈출'이라고 했다. 아내를 보며 가슴을 쓸어내렸다.

며칠이 지났다. 머릿속 뿌연 안개가 걷히고 마음이 차분해지니 상대방 상황이 이해됐다. 사업을 하다 보면 사기당하는 일이 비일비재하다. '상대방 신분을 정확히 확인하는 습관이 몸에 배어 있겠구나.' 바빠서 그냥 넘어가려 했는데 내가 차량 상태를 확인하러 바로 정비소에 가자고 해서 '상대방이 불편했겠구나.'라는 생각이 스쳤다.

호텔 지배인은 투숙객이 열쇠를 잃어버렸을 때나 위급한 상황에 대처하기 위해 만능열쇠를 가지고 있다. 모든 객실을 열 수 있는 만능열쇠. 인간관계를 해결할 만능열쇠는 무엇일까. 예상치 못한 일로 관계가 꼬였거나 내 실수로 상대방 마음이 상했을 때, 닫힌 마음 문을 한 번에 열 수 있는 열쇠가 있다면 얼마나 좋을까. 관계를 개선하고 사람 마음을 열려면 그때마다 다른 열쇠가 필요하다.

배가 고픈 사람에게는 한 끼 식사가 마음을 여는 열쇠이고, 감정이 상한 사람에게는 위로의 말이 마음을 열어준다. 관계에서 만능열쇠 역할에 가까운 게 무엇인지 사색에 잠긴다. 머리에 형광등이 깜박인다. 인간관계 만능열쇠라고 꼽을 만한 것은 바로 '인내'이다. 내 생각과 다르고 마음 맞지 않는 사람이 있더라도 '사랑은 언제나 오래 참고'라는 가사처럼 오래 참으며 기다림이 관계 형통의 지름길이다.

큰일에 도전하거나 새로운 분야에 뛰어들기로 결심했다면 1초도 망설임 없는 용기가 필요하다. '랜드로버 접촉사건'을 돌아보며 교훈을 얻었다. 만일 상대방의 화를 못 견디고 나도 같이 혈기를 발산했다면 접촉사고 이야기가 어떻게 전개됐을까. 자아를 죽여 마음에 내키지 않는 상황과 사람을 한순간 참음으로 상황이 종료됐다. 마음고생을 끝내고 눈덩이처럼 불어날 금전적 피해를 예방했다. 다른 사람과 불화가 생겼을 때 먼저 사과하는 일, 나를 숙이고 내려놓는 일은 쉽지 않다. 그래서 용기가 필요하다. 살면서 순간 성냄을 참은 용기는 우리의 인생 빛깔을 바꾼다. 죽음의 잿빛에서 생생한 장밋빛으로.

03
안전과 안정만 추구하면
행복은 멀어진다

"여보, 그동안 가족 위해 애썼어요. 둘째가 초등학교에 입학하잖아요.
아이들과 한해 가까이 지내보는 건 어때요?"
"홀벌이 4인 가족 카드비도 못 막을 텐데요."
"나도 일하고 싶어요. 둘째가 학교 갈 날만 손꼽았어요."

2002년에 직장생활을 시작해 올해로 17년째 직장에 몸담고 있
다. 재충전이 필요한 시점이지만 '육아휴직'은 생각해보지 않았다.
아내가 육아휴직 얘기를 꺼냈을 때 웃으며 지나쳤다. 하지만 며칠
동안 '휴직'이라는 단어가 머릿속을 맴돌았다. 수입과 지출을 어림
잡아 계산해봤다. 아내가 취업하면 생활하는 데 큰 지장은 없어 보
였다. 부서장에게 조심스레 말을 꺼냈다. 예상외로 부서장은 흔쾌
히 육아휴직에 동의해주었다. 인사부장도 시원하게 허락했다. '욕
을 먹지 않을까?' 끙끙 앓던 마음이 직장에 말하고 나니 후련했다.
아내 취업만 하면 휴직하는데 경제적인 걸림돌은 없었다. 아내
는 결혼 전 5년간 유치원에 근무했다. 14년 동안 단절된 경력을 잇
기 위해 취업 문을 다시 두드렸다. 이력서를 제출한 어린이집 몇 군
데서 면접을 치렀다. 아내는 지금까지 면접에서 떨어져 본 경험이

없다. 하지만 재취업이 만만치 않았다. 며칠이 지나도 면접을 본 어린이집에서 출근하라는 소식이 없었다. 집에서 지내며 안주하기보다 활기차게 사회 생활을 하고 싶은 아내 꿈이 점점 희미해졌다. 아내 얼굴이 며칠 새 눈에 띄게 꺼칠해졌다. 생각처럼 취업이 쉽지 않아 잠을 뒤척인 탓이다.

아내에게 "당신을 채용하지 않는 어린이집이 손해예요. 당신은 누가 뭐래도 성실하고 유능한 교사예요."라고 말하며 응원해주었다. 다음날 기쁜 소식이 날아왔다. 아내가 드디어 출근하게 됐다. 정확히 둘째가 초등학교 입학하는 날, 내가 육아휴직 시작하는 날에.

사람들은 휴직하기를 겁낸다. 안전과 안정이 삶의 우선순위이기 때문이다. 휴직자는 승진 기회에서 뒷순위로 밀릴 가능성이 크다. 근무할 때보다 경제적인 불안정도 감수해야 한다. 주변 사람도 "육아휴직은 말도 안 된다."라며 말린다. 설에 형에게 3월부터 육아휴직 들어간다고 하니 안색이 달라졌다. "직장에서 무슨 문제라도 있냐?"라며 걱정하는 눈빛이 역력했다.

2018년 육아휴직을 사용한 근로자는 9만 9,199명으로 2017년 9만 110명보다 10.1% 증가했다. 전체 육아휴직자 가운데 남성이 차지하는 비율도 2018년 17.8%로 2017년 13.4%보다 크게 증가했다. 통계 수치는 육아휴직을 사용하는 남성에 대한 사회 거부감이 옅어졌음을 의미한다.

휴직 후 첫 임무는 '딸 입학식' 참석이었다. 퇴근 후 밤에 잠깐 보던 딸과 아침부터 붙어 있으니 조금은 가까워진 느낌이었다. 아빠가 1년간 직장을 쉰다고 말해주니 딸이 품에 꼭 안긴다. 매미처럼 달라붙으며 예쁜 입을 움직인다. "아빠랑 시간 많이 보내게 돼 기뻐요. 낮에 엄마랑만 지내 아쉬웠거든요." 딸이 기뻐하고 좋아하니 내 마음에 둥근 해가 떴다. 딸을 웃게 해서 행복하다.

아들과 같이 운동하고 학습을 도우며 몰랐던 아들 기질과 태도를 알게 됐다. 아들이 잘못할 때 소리 지르는 게 능사가 아니라 타이르고, 늦장 부려도 스스로 할 때까지 기다림이 중요함을 몸소 터득했다. 자녀가 좋아하고 잘하는 분야를 찾도록 도와주고 지원해 주는 게 부모 역할임을 깨달았다.

『동아일보』에서 청년 452명에게 성공 조건에 관해 물었다. 청년들은 "큰돈 벌지 않아도 원하는 일에 도전하며 취미를 즐기면 성공한 삶이다."라고 답했다. 좋은 학벌과 전문직업이 성공 조건이라고 말하는 부모세대와는 다른 답변이었다. 20대, 30대 청년들은 명문대와 안정된 직장을 향한 경주에서 승리해도 얻는 게 별로 없다면 부모가 정한 경주 대신 자신이 원하는 속도와 방향대로 사는 것이 성공과 행복이라고 생각했다.

명문대를 졸업하고 대기업에 수석 입사한 30대 중반의 김 씨는 입사 2년 만에 사표를 냈다. 셰프의 꿈을 이루기 위해서다. 음식점 종업원부터 시작해 영국에서 요리 연수를 받은 후 레스토랑을 열었다. 그는 "갈 길을 내가 정해 후회는 없다."라고 잘라 말했다.

20대 초반인 이 씨 직업은 농부다. 열네 살 때 옥수수 박사 김순권 국제옥수수재단 이사장의 책을 읽고 가슴이 두근거렸다. 이 씨는 구체적인 계획을 제시하며 농업고 진학을 반대하는 부모를 설득했다. 이 씨는 훌륭한 '딸기 농부'가 되는 게 꿈이다. 자신이 가장 좋아하는 딸기를 사계절 내내 재배해 사람들에게 먹이고 싶어서다.

자녀세대는 부모가 강요하는 성공 방식을 거부한다. 좋은 대학을 졸업해 안정적인 직장을 찾는 게 최고라는 부모 말에 고개를 끄덕이지 않는다. 부모세대가 우선시하는 안정과 안전이 자녀 행복을 보장하지 못한다. 부모가 자녀 진로를 정하는 건 금물이다. 자녀가 하고 싶어 하는 일에 대해 시야를 넓혀야 한다. 자녀가 즐겁게 일할 수 있는 직업을 찾도록 도와주는 역할에 만족해야 한다.

미국 환경사진가인 크리스 조던이 올해 초 서울에서 '아름다움 너머'라는 주제로 개인전을 열었다. 10초마다 전 세계에서 소비되는 비닐봉지 24만 개 사진을 조합해 보티첼리의 '비너스의 탄생'을 패러디한 '눈물 흘리는 비너스'가 대표 작품이었다. 본래 직업이 변호사였던 그는 매일경제 신문과의 인터뷰에서 "변호사를 그만둔 건 절벽에서 뛰어내리는 행동이었지만 예술가 삶을 선택하니 삶에 활력이 살아났다."라고 말했다. 안정적인 직업을 버리고 사진이라는 예술을 통해 인류의 환경 파괴에 경종을 울리고 싶어 하는 크리스 조던. 그의 도전과 향후 행보에 아낌없는 박수를 보낸다.

육아휴직하고 집에서 시간을 보내며 그동안 무심코 지나친 자녀 마음과 생각을 읽게 됐다. 집안 일과 자녀 돌봄으로 힘든 아내 생활에 공감했다. 책 읽고 글 쓰며 내면을 단단히 다졌다. 지금까지 삶을 돌아보며 인생 방향을 점검하는 계기가 됐다. 쉼 없이 달려온 인생에 그려진 쉼표가 인생 2막을 펼치고 싶은 열망에 밑거름이 되었다.

안정적인 삶을 추구하다 보면 '생각 반경'이 좁아진다. 가슴 뛰도록 자신이 하고 싶은 일을 하는 데 두려움을 느낀다. 안정과 안전만 좇으며 살다가는 중요한 시기를 놓치고 만다. 물질적이고 당장 눈에 좋아 보이는 것에 가치를 두기보다 내게 기쁨과 행복을 줄 수 있는 일을 선택해야 한다. 남이 챙겨주는 먹이라는 유혹 때문에 새장 안에 갇힌 당신의 잠재 능력을 끄집어내라. 당신은 앵무새가 아니라 독수리다. 먹잇감을 발견하면 강한 발톱으로 낚아채 절대 놓지 않는 독수리처럼 멀어져 가는 당신의 행복을 끌어당겨 붙잡아라.

04
피라미드를 쌓는 일도
돌 하나 나르는 일에서부터 시작된다

사람들은 연예인, 스포츠 스타, 음악가 등 성공한 사람이 누리는 현재 모습만 보고 판단하는 경향이 있다. 결과물만 보고 그들처럼 되기 원한다. 그 사람이 현재 자리에 있기까지, 지금 모습으로 살아가기까지 어떠한 과정을 거쳐왔는지는 관심이 없다. 과연 그 사람은 돌 하나 나르지 않고 자신의 피라미드를 완성했을까.

주변 사람들은 나의 쾌활하고 잘 웃는 모습을 좋아한다. 그들은 내 현재 모습만 알뿐 과거에 무슨 일을 겪었는지 모른다. 우연한 기회에 고등학교 때 좌절한 얘기를 나누면 농담으로 여긴다. 내 얼굴에서 어두운 그늘을 찾아볼 수 없다며 믿지 못하는 표정이다.

나는 10대에 한 번 죽은 사람이다. 학교 성적이 인생 전부라고 생각한 사춘기 학생이 학교를 중퇴했다. 헤어 나오기 힘든 우울증 늪에 빠져 몇 년을 허우적댔다. 그때는 세월을 헛되게 보냈다고 비관했다. 하지만 지나온 모든 인생은 보석처럼 소중하다. 돈으로 살수 없는 교훈을 선물하기 때문이다. 나를 낮추는 '겸손'을 배웠다. 자신밖에 모르던 이기적인 모습에서 다른 사람을 살필 줄 아는 사람으로 변하는 계기가 되었다. 지금도 자기중심적인 모습이 남아 있다. 달라진 점은 겸손을 잃은 모습이 드러나면 마음에서 빨간 경고등이 켜진다. 경고등을 보며 흐트러진 생각과 마음이 차려 자세로 되돌아온다.

몇 년간 마음 병으로 고생했다. 우울증 수렁에서 헤어나온 건 기적이다. 스무 살이 되니 머리가 맑아지고 마음이 편안해졌다. 다시 일어서고 싶은 의욕이 들었다. 무엇부터 시작해야 할지 고민했다. 내가 처음 나른 돌은 '검정고시' 도전이었다. 내 인생에 괴물이 되어 버린 시험이 두려웠지만 겁 없이 괴물의 딴지를 걸어 넘어뜨렸다. 한 계단 걸어 올랐다.

두 번째로 쌓은 돌은 '대입 수능시험'이었다. 입시 전문학원 화장실에서 눈물 흘리며 거울을 바라보던 스무 살 내 모습이 지금도 생생하다. 국어, 영어 등 몇 과목을 제외하고 학원 수업 대부분을 알아듣지 못해 괴롭고 서러워 흘린 뜨거운 눈물이었다. 주저앉았던 내가 대학 캠퍼스에 발을 내딛고 다시 사회 일원으로 소속된 현실에 지금도 눈물겹도록 감사하다.

내가 집어 든 세 번째 돌은 '편입'이었다. 더 큰 무대로 나아가고 싶었다. 더 넓은 세상에서 경쟁하고 싶었다. 내가 가진 모든 재능을 펼치며 마음속 응어리를 풀어내고 싶었다. 서울 소재 대학을 향한 편입이라는 꿈이 20대의 나를 가슴 뛰게 했다. 꿈을 향해 일 년 동안 내달렸다. 가장 열정을 품고 기쁘게 살았던 한 해였다. 편입에 성공했다. 갈고닦은 영어라는 무기를 앞세워 새로운 학교생활에 연착륙했다. 학과 수석으로 졸업해 어머니와 웃으며 졸업사진을 찍었다. 상상할 수 있었겠는가. 고등학교를 중퇴하고 우울증에 빠져 끝나버린 줄 알았던 10대 소년이 다시 일어설 줄을.

만일 내게 재기하고 싶은 열망이 안 생겼다면 인생이 어떻게 흘러갔을까. 지금처럼 숨 쉬며 살아있을까. 백의종군한 이순신 장군처럼 모든 것이 땅바닥으로 떨어진 밑바닥 인생에서 독학으로 검정고시를 도전한 것이 나만의 피라미드를 쌓아가도록 이끌었다. 아직 내 인생 피라미드는 미완성이다. 오늘도 돌을 쌓아 올린다.

사기업에서 출발한 사회생활이 순탄치만은 않았다. 지금 몸담은 공공기관까지 직장생활을 지속하는 동안 아프고 다치고 무너졌다. 한편 그동안 나로 인해 아프고 다치고 무너졌을지 모를 사람에게 사과의 마음을 전한다. 말하기 어려운 아픔과 상처로 마음이 불안하고 예민해서 실수한 나를 넓은 마음으로 이해해 주기를 부탁한다.

한 직장에 몸담으며 정년으로 퇴임하는 사람을 보면 존경심이 절로 나온다. 어떻게 30년을 한 길로 걸어갈 수 있을까. 그 사람도 그렇게 오래 걸을지 몰랐으리라. '돌 하나씩 나르다 보니 어느새 30년째 피라미드를 쌓고 있지 않을까?'라는 생각이다.

일산에 사는 매형은 중학교 교사이다. 올해 정년퇴임으로 교편을 놓는다. 올해 초 어머니 병원에서 누나와 매형을 만나 자연스럽게 티타임으로 이어졌다.

"매형, 존경합니다."

"처남, 쑥스럽게 무슨 소리야."

"직장생활을 해보니 한 해 두 해 헤쳐나가는 게 만만치 않더군요. 중도에 포기 않고 완주하는 매형이 대단해 보입니다."

아들이 초등학교 3학년이 되면서 내 방을 아들에게 내주었다. 나만의 공간이 사라졌다. 거실 탁자에서 나만의 시간을 갖고 싶었지만 오가며 뛰노는 자녀로 고요한 시간은 꿈속에서나 가능했다. 아내에게 "여보, 나만의 공간을 갖고 싶어요."라고 아이가 엄마한테 투정하듯 반복해서 주문했다. 아내가 안방에 책상을 놓아 주었다. 인터넷으로 주문한 아담한 책상이었다. 아파트가 옛날 구조라 안방 공간이 넓어 책상과 의자를 두기에 충분했다. 그렇게 나만의 공간을 회복했다. 그 자리서 책 읽고 글을 썼다. 지금은 없어서는 안 될 소중한 나의 공간이다. 꿈을 꾸고 이루어가는 '꿈터'다.

영화 〈신과 나눈 이야기〉 주인공은 라디오 방송국 진행자였다. 어느 날 교통사고로 목뼈가 부러졌다. 이때부터 인생이 곤두박질쳤다. 직장을 잃었다. 실업수당이 끊겼다. 월세가 밀려 살던 집에서 쫓겨나 노숙자로 전락했다. 점점 내면에 귀 기울이게 된다. 그리고 글을 쓰기 시작한다. 글이 사람들 공감을 불러일으켰다. 책으로 출간되어 전 세계 독자를 만나 강연하며 소통했다. 다시 일어설 수 없을 만큼 인생이 무너졌던 주인공이 나르기 시작한 돌 하나는 바로 '글쓰기'였다.

자정이 넘은 한밤에 안방에 놓인 작은 책상에서 나는 글을 쓰고 있다. 이 글이 책으로 출간되어 수많은 사람에게 위로와 재기 의욕을 불러일으키기를 소원한다. 글쓰기로 시작하여 강연가로 무대에 설 날을 기대한다. 작가, 강연가로 사람들과 건강한 소통을 하고 싶다. 서로에게 힘이 되는 진솔한 대화를 나누고 싶다. 지금 쓰는 글이 꿈을 이루는 초석이 되리라 확신한다.

아기가 걷기까지 과정을 생각해보라. 처음에는 뒤집기 시작한다. 서서히 중심을 잡고 앉는다. 바닥을 긴다. 의자를 잡고 일어선다. 아장아장 걷는다. 갓 태어난 아기 모습만 봤을 때 누가 이 아기가

장차 걸을 수 있을 거라 상상하겠는가. 천 리 길도 한 걸음부터다. 위대한 문학 작품, 피라미드처럼 세상 높이 우뚝 선 고대 건축물은 번개 치듯 짧은 시간에 만들어지지 않았다. 오래 참고 기다리며 숙성 시간을 버텼다.

　지금 머무는 자리가 반드시 인생 정답은 아니다. 가슴에서 시키는 일이 있는가. "Just Do It." 우선 한 걸음만 떼라. 지금까지 보지 못한 광활한 풍경이 펼쳐지고 알지 못한 드넓은 세계가 열릴 것이다. 무의미한 하루는 없다. 새롭게 주어진 하루를 뜨겁게 살아내라. 하루하루가 쌓여 당신의 위대한 피라미드를 완성할 그 날까지.

05
인생에서 가장 행복한 순간은
아직 오지 않았다

연말이 되면 가족여행을 떠난다. 여행은 일 년 동안 수고한 가족에게 주어지는 선물과 같다. 한 해를 돌아보고 다가오는 새해를 계획하기에 최적의 선택이다. 작년 연말 여행에 형제 가족을 초대했다. 큰누나 가족이 함께했다.

숙소에서 아침 식사를 마쳤다. 숙소 거실에 그윽한 커피 향이 퍼졌다. 큰누나 가족과 행복에 대한 이야기꽃을 피웠다. 내가 먼저 말문을 열었다.

"저는 예전으로 돌아가고 싶지 않아요. 지금이 행복해요."
"기다려봐. 더 행복한 순간이 올 거야."

'더 행복한 순간'이라는 말이 내게 울림을 주었다. 매형은 70세 때가 가장 행복했다고 말한 사람 얘기를 꺼냈다. '70세 때 어떻게 가장 행복할 수 있을까?'라는 생각에 잠시 창밖의 눈 덮인 겨울 풍경을 바라봤다.

내가 행복한 순간은 언제였는가. 영화 속 장면들처럼 오래된 영상이 하나씩 눈앞을 지나간다. 중학교 수석 입학과 대학교 학과 수석 졸업 소식을 들은 순간이다. 예상 밖이라 기쁨 두 배였다. 욕심부리지 않고 묵묵히 노력해 얻은 열매였다. 특히 좌절하고 절망에 빠져 세상 끝난 줄 알았던 내가 대학 우등 졸업 상패를 받는 순간을 어머니에게 선물해 행복하고 감사했다.

20대 후반에 현재 몸담은 직장 최종면접에 합격했다는 전화를 받은 순간이다. 서울에서 다니던 직장을 그만두고 고향으로 내려와 '다시 사회생활을 할 수 있을까?'라는 자괴감에 빠져 지냈다. 6개월간 나를 돌아보며 마음을 추슬렀다. 마침내 새 직장에서 새로 출발할 기회를 얻어 기쁨이 충만했다.

30대 중반에 아들 태은이가 세상에 태어난 순간이다. 세상을 다 가진 것 같았다. 세상에서 가장 행복한 사람처럼 느껴진 날이었다. 두 번 유산의 아픔을 겪은 후 아내 몸의 면역체계가 이상함을 발견했다. 아내가 면역 주사를 맞으며 아기 가질 몸을 만들고 임신 후 유산 위험으로 열 달 동안 거의 움직이지 않은 수고로 낳은 아들이었다. "인내는 쓰나 열매는 달다."라는 말을 실감했다. 건강하게 자라 초등학교 4학년이 된 태은이는 보고 있어도 보고 싶은 아들이다.

30대 후반에 둘째인 딸 태희가 울음 터트리며 엄마 품에 안긴 날이다. 둘째를 가져야 할지 고민했다. 태희를 임신하기 전 유산이라는 아픔과 슬픔을 한 번 더 겪었기 때문이다. 아들이 놀이터에서 다른 남매에게 따돌림당해 당황하는 모습을 보며 가슴 아팠다. 방에서 혼자 노는 모습이 외로워 보였다. 아내와 다시 노력해 보기로 마음을 모았다. 둘째가 딸이라는 소식을 들었을 때 아내 두 손을 꼭 잡고 '만세'를 불렀다.

육아휴직 중에 태희는 아빠 친구가 되어주었다. 아빠가 집에서 글 쓰느라 점심 식사를 못 한 걸 알고 초등학교 1학년인데도 가끔 김에 밥을 싸주거나 식빵에 딸기잼을 발라 주며 아빠 먹을거리를 챙겼다. 글을 쓰고 있으면 아빠 등 뒤에 매달려 안아준다. 볼을 비비고 내 뺨에 애정표현을 스무 번 정도 해준다. 친구 같은 딸이 있어 바구니에 행복이 넘친다.

마흔이 되어 나눔을 실천한 순간이다. 이 땅에 한번 왔다 가는 '나그네 인생'을 의미 있게 살고 싶었다. 가족과 상의해 가훈을 '나눔과 성장'으로 정한 이유다. 매달 조금씩 모은 돈을 연말에 모교 초등학교에 기부했다. 내 마음속 물욕이 내려가고 형언할 수 없는 기쁨이 차오름을 경험했다. 선생님이 겨울 점퍼를 입은 학생들 사진을 보내줬다. 사진 속 얼굴들이 마음 판에 새겨졌다. '더 나누며 살자'라는 마음이 샘솟았다.

매형이 언급한 70세 때 가장 행복하다고 말한 사람은 바로 100세에도 왕성하게 강연과 저술 활동 중인 김형석 연세대 명예교수였다. 김형석 교수라는 사람이 누군지 궁금해졌다. 궁금해하니 그의 저서 『백 년을 살아보니』가 서점에서 눈에 띄었다. 서점에 앉아 한참 동안 그의 책을 읽었던 기억이 난다. 이번에는 신문을 넘기는데 『중앙일보』에 크게 실린 그의 인터뷰 기사가 나를 반겼다. 김 교수는 인터뷰를 통해 인생 후배들이 가슴에 새겨야 할 귀중한 메시지를 전했다. "돈만 끌어안고 살면 인격을 잃게 된다. 베푸는 사람이 행복하고 가치 있는 인생을 사는 것이다."

김 교수는 '살면서 가장 행복한 때가 언제였느냐?'라는 질문을 두고 친구들과 대화했는데 모두 60~75살이라는 데 의견이 일치했다고 한다. 그러면서 인생에서 가장 행복한 시기는 바로 60부터이니 환갑 이후 시기를 늙었다고 포기해서는 안 된다고 힘주어 말했다.

지금까지 행복한 인생을 살아왔는가. 가장 행복한 순간은 언제였는가. 무엇을 할 때, 누구와 있을 때 행복했는지를 떠올려보라. 당신이 생각하는 행복이란 무엇인지 눈을 감고 생각해보라. "행복은 만족에 있다."라는 말처럼 행복은 많이 가짐에 있지 않고 '자족함'에 있다. 행복은 삶을 긍정으로 대하는 나의 마음 안에 있다.

한편 인생은 기나긴 여행이다. 수많은 순간이 스쳐 가고 찾아온다. 행복은 우연히 찾아올 수도 있지만 찾아가는 노력이 필요하다. 감나무에서 감이 떨어지기를 하늘만 쳐다보며 기다릴 수 없듯. 행복하게 살아가려면 자신에게 맞는 일을 찾아야 한다. 나에게 맞는 일이란 내가 좋아하는 일이다. 좋아하는 일을 하면 하루하루가 즐겁다. 뿌듯함과 설렘으로 아침에 눈 뜨기만을 기다리게 된다.

행복하기를 원하는가. 그렇다면 더 이상 과거 행복했던 사진만을 꺼내 보며 현재 불행한 삶을 비관하지 마라. 남은 인생은 길다. 우리가 마음먹기에 따라 여생을 얼마든지 다르게 살 수 있다. 꿈꾸며 설레는 마음으로 인생 후반전을 달려가자. 인생에서 가장 행복한 순간은 아직 오지 않았다.

06
나를 위한 이벤트를 만들어라

"나를 즐겁게 해주는 사람은 따로 없다. 오직 자신만이 나를 즐겁게 할 수 있다."

주변 사람에 기대지 말고 주도적 삶을 살도록 스스로 다짐하는 말이다. 혹여 다른 사람이 나를 위한 이벤트를 야심 차게 기획해도 내게 별로일 수 있다. 무엇을 해야, 누구를 만나야, 어디를 가야 행복한지는 내가 가장 잘 안다.

삶에 활기를 불어넣기 위해 나를 위한 이벤트를 만들었다. 그중 몇 가지를 소개한다.

첫째, 탁구 대회 참가하기.

매년 중소벤처기업부장관 배와 CTS 대전방송 배 탁구대회에 참가한다. 탁구대회 참가는 내게 소풍과 같다. 활기 넘치는 대회장 분위기, 같은 팀 선수들과 나누는 유쾌한 대화, 입을 즐겁게 하는 간식, 우승 트로피, 기념사진 촬영 등 상상만 해도 입가가 올라간다. 탁구 대회에 다녀오면 한 달 정도 생기가 돈다. 고급 비타민 영양제를 맞은 것보다 효과가 크다.

둘째, 기타 배우기.

대학 시절 영어 과외수업 지도를 했다. 그때 받은 수고비로 기타를 샀다. 잠깐 독학으로 기타를 연습했지만 까다로운 F 코드를 익히다 주저앉았다. 창고를 정리하던 중 먼지가 수북이 쌓인 기타와 마주했다. 기타를 꺼내 깨끗이 닦고 쓰다듬었다. 육아휴직 후 오전에 책 읽고 글 쓰며 보냈다. 오후에는 자녀 하교를 돕고 간식 챙겨주며 학습을 도왔다. 틈틈이 빨래, 청소, 설거지 등 집안일을 했다. 지쳐가는 휴직 생활에 무언가 색다른 활력소가 필요했다. 예전부터 배우고 싶은 기타를 매주 화요일마다 배우기 시작했다. 코드를 익히고 주법을 배우며 한 곡씩 익혀나간다. 기타를 배운 날은 얼굴에 꽃이 활짝 핀다. 새로운 배움에 희열을 느낀다. 기타 교습이 끝나자마자 다음 화요일이 기다려진다. 사람들 앞에서 기타 치며 노래할 정도로 연습해서 기타 치는 작가, 노래하는 강연가가 될 날을 꿈꾼다.

셋째, 블로그에 글쓰기.

휴대전화를 스마트폰으로 바꾼 지 2년밖에 안 됐다. 카톡도 안 하는 내가 블로그를 운영 중이다. 블로그 활동이 글쓰기 연습에 촉매제가 된다는 말에 시작했다. 단상, 감사일기, 책 소개, 육아휴직 이야기 등 한 주 동안 경험한 일을 글로 표현한다. 일상이 글로 기록되는 새로움을 경험한다. 블로그를 시작하며 모르던 세계에 눈을 떴다. 온라인 '이웃'이 생겼다. 온라인 이웃은 내가 쓴 글에 댓글로 공감을 표현한다. 나도 이웃 블로그를 방문해 생각과 감정을 남긴다. 아파트에 살면서 옆집, 아랫집 이웃도 잘 모르는 세상에 사는 우리. '가까운 이웃이 먼 친척보다 낫다.'라는 말도 이제 옛말이다. 내가 쓴 글에 공감해주는 온라인 이웃이 가까이에 살지만 교류 없이 지내는 오프라인 이웃보다 낫다. 블로그 글쓰기는 생각과 감정을 표현하고 내면을 정리하는 기쁨을 선사한다. 새 글을 블로그에 올리고 다음 날 댓글로 표현한 이웃과 교감하는 즐거움은 경험한 사람만 안다.

넷째, 좋아하는 지인과 정기적으로 만나기.

불과 몇 년 전만 해도 알 수 없는 의무감에 여러 사람에게 연락했다. 막상 만나면 형식적인 대화만 오가는데 말이다. 지금은 그렇게 살지 않는다. 내가 좋아하는 사람, 나를 위해주는 사람과 시간을 보낸다. 근황을 나누고 좋은 일에 같이 기뻐하고 슬픈 일에 함께 가슴 아파한다. 그들과 정기적으로 교류하면서 끌려가던 대인관계에서 자유로워지고 치유를 경험했다. 자신을 소중히 여기는 마음이 커지고 삶이 풍요로워졌다.

다섯째, 가족과 마라톤 대회 참가하기.

일 년에 한 번 가족과 함께 봄에 열리는 마라톤 대회에 참가한다. 딸은 엄마와 3㎞, 아들은 아빠와 5㎞를 달린다. '마라톤은 손으로 달린다.'라는 의미를 아는가. 허리를 편 채 앞을 보고 달리며 양팔을 일정하게 흔들어줘야 한다. 그래야 관성이 생겨 가속이 붙는다. 달리다 보면 세상 걱정은 다 사라지고 오직 목표지점까지 완주하겠다는 생각만 남는다. 내년에는 아들과 10㎞ 달리기에 도전하겠다.

지금까지 소개한 나를 위한 이벤트는 한 가정의 '가장'이라는 삶의 무게를 잠시나마 내려놓게 한다. 스트레스와 피곤함에 오염된 마음을 환기한다. 미세먼지를 씻어내는 시원한 소나기처럼.

영화 〈라스트 홀리데이〉에서 주인공은 백화점 점원이다. 그녀는 꿈이 있다. 꿈들을 앨범에 차곡차곡 저장한다. 가고 싶은 곳, 만나고 싶은 사람, 먹고 싶은 음식 사진을 꿈 앨범에 버킷리스트처럼 모아둔다. 어느 날 직장에서 넘어져 머리에 충격을 입는다. 병원 CT 검사 결과는 충격적이다. 남은 시간은 앞으로 3주. 3주 후에 죽음이 기다린다. 주인공은 은행에 방문해 성실히 모은 알토란 같은 돈을 모조리 찾는다. 그동안 아끼던 돈을 마음껏 사용하며 꿈 앨범 속에 간직한 '자신만의 이벤트'를 실행한다. 나중에 그녀에게 내려진 시한부 인생은 기계 결함으로 인한 오진으로 판명된다.

이제부터 그녀는 예전 사람이 아니다. 자신을 위한 이벤트를 체험하며 완전히 다른 사람으로 변했다. 인사고과 때문에 부당한 대우에도 할 말 제대로 못 하고 숨죽이며 직장생활을 하던 그녀가 자신의 목소리를 냈다. 일상에서 하고 싶은 말을 당당하게 꺼냈다. 솔직하고 꾸밈없는 그녀를 보며 사람들이 행복을 느끼고 그녀와 함께하고 싶어 했다. 그녀는 가슴이 시키는 일을 하며 진정한 자신을 찾았다. 요리를 좋아하는 그녀는 레스토랑을 직접 운영하며 인생 2막을 아름답게 펼쳤다.

나도 영화 속 주인공처럼 소중한 '꿈 목록'이 있다.

- 작가 되기
- 강연가 되기
- 방송 출연
- 그랜드캐니언 여행
- 단독 주택 마련

그중 그랜드캐니언 여행을 가족과 꼭 해보고 싶다. 광대한 협곡을 눈으로 직접 보며 자연 이치의 오묘함과 넓은 세상을 자녀와 느끼고 싶다. 가까운 미래에 실현되리라 확신한다. 그랜드캐니언 사진을 벽에 붙여 넣고 매일 바라보고 있기 때문이다. 꿈을 시각화하면 현실로 이루어질 가능성이 커진다. 뇌가 '꿈 사진'을 보며 가능성을 끌어당기기 때문이다.

가고 싶은 곳, 만나고 싶은 사람, 보고 싶은 영화, 먹고 싶은 음식을 적어 목록으로 정리해 보라. 꿈 목록은 나다운 인생을 살아가도록 안내하는 지도이다. 이벤트는 지친 일상에 기운을 북돋아 주는 보약과 같다.

'오늘은 뭘 하면 즐거울까?'라며 매일 나만을 위한 이벤트를 만들어 보라. 이벤트라고 해서 거창할 필요는 없다. 직장이 가깝다면 자전거를 이용해 출퇴근해보라. 보이지 않던 사물이 눈에 들어오는 느림의 즐거움을 느낄 수 있다. 주말에 산에 가보라. 나무에 갓 올라오는 싱그러운 잎을 바라보고 지저귀는 새들 합창 소리에 귀를 열어보라. 물이 오염물질을 스스로 정화하는 능력이 있듯 자연은 사람의 무너진 마음을 회복시키는 힘이 있다.

생활방식을 단순하게 바꿔보라. 변화를 위한 작은 몸짓이 '소확행'이라는 말뜻처럼 작지만 확실한 행복을 가져다준다. 누구나 행복할 권리가 있다. 이 땅에 태어난 모두는 존귀하다. 당신은 사랑받고 행복하기 위해 태어난 사람이다.

07
나만의 인생 스토리를 담은 책을 쓰자

"내 주제에 무슨 책인가요."

"책을 쓰기에 나이가 이른 것 같아요."

직장 사내교육을 마친 강사가 책 쓰기를 권했을 때 내가 보인 반응이었다. 누군가 스치듯 건넨 말이 꿈이 되기도 한다. 처음에는 '내가 어떻게'라며 자신을 깎아내렸다. 그러다 '한번 해 볼까?' 반신반의했다. '책', '작가'라는 단어가 며칠 동안 나를 따라다녔다. 강사와의 만남이 오래전부터 예정된 일인지 모른다. 책을 써보라는 그의 말은 '앞으로 인생 후반전을 어떻게 살아야 하나?'라는 물음에 빛을 비춰주었다.

책을 쓰기로 결심한 후 첫 번째 고민은 '주제 선정'이었다. 무엇을 써야 할지 심사숙고했다. 십 대부터 이십 대 중반까지 힘들 때마다 기록한 일기장을 들여다보며 삶의 흔적을 살피기 시작했다. 직장 취업한 해부터 올해까지 사용한 휴대용 수첩이 열여덟 권이다. 생일, 기념일 등 일정을 비롯해 감정, 단상을 수시로 수첩에 메모했다. 수첩에 메모하는 습관이 책을 쓸 때 요긴하게 쓰였다. 십 대부터 현재까지 중요한 순간들이 기록으로 남아있었다. 살아온 발자

취를 살피며 책 주제와 목차를 정했다.

책을 쓰기에 앞서 해야 할 일은 독서다. 내가 정한 주제와 유사한 도서를 구매했다. 소위 '경쟁 도서'와 '참고 도서'였다. 수십 권의 책을 읽으며 생각 그릇을 넓혔다. 사색이라는 소화 과정을 통해 저자가 전하는 지식과 메시지를 나의 뼈와 살이 되도록 흡수했다. 필력이 출중한 작가가 쓴 글을 유심히 살피며 글쓰기 감각을 끌어올렸다.

다음 단계는 글쓰기 연습이다. 독서와 더불어 블로그를 통해 글쓰기 연습을 병행했다. 글을 쓰며 책을 보니 독서에 깊이가 생겼다. 글쓰기에 앞서 충분히 사색하는 습관이 자리 잡았다. 독서와 글쓰기가 놀라운 동반 상승효과를 일으켰다.

몇 달 동안 책 읽고 글을 쓰며 '필력'과 '의식'을 높였다. 본격적으로 목차에 따라 한 꼭지 제목씩 책 쓰기에 돌입했다. 작가는 글을 쓰다 막히면 산책, 음악 감상, 쇼핑, 운동 등 자신만이 풀어가는 방법이 있다. 막힌 글쓰기를 뚫어가는 나만의 열쇠는 영화 보기였다. 영화는 글쓰기에 영감을 불어넣었다. 영화 속 주인공의 처지, 어려움, 재기한 모습에 감정이 극도로 이입되었다. 영화를 본 후 온몸을 감싸는 전율을 놓치지 않으려 가만히 눈을 감았다. 그 감동을 고스란히 글에 담았다.

글을 쓰면 일상에 일어나는 일에 관찰자가 된다. 사사로운 일도 그냥 지나치지 않는다. 세포 하나하나가 깨어서 주변 현상, 사물, 사람을 글감으로 끌어당긴다. 이렇듯 일상에 깨어있는 글쓰기를 통해 누리는 유익에는 무엇이 있을까.

첫째, 실수가 줄어든다. 글을 쓰려면 '생각'을 해야 한다. 생각하다 보면 저절로 자아 성찰에 이른다. 아내, 자녀에게 문제 있기보다 내 잘못이 크다는 사실을 자각했다. 내가 반복해서 범하는 언행 실수 유형을 파악했다. 실수를 예방하려고 자신과 전쟁을 치렀다. 마음훈련을 통해 어제와 다르게 성장해가는 자신을 발견한다.

둘째, 상처가 치유된다. "글쓰기는 나를 치유하는 여행이다."라는 말이 있다. '아버지'라는 단어는 내게 '상처'이고 '두려움'이었다. 어느 날 오전 아버지를 회상하며 글을 썼다. 갑자기 눈물샘이 터졌다. '내가 왜 이러지?'라는 생각이 들어 화장지를 가져왔다. 다시 글쓰기를 이어가는데 참을 수 없었다. 이제껏 경험하지 못한 울음소리가 내면 샘에서 터져 나왔다. 한참을 어깨 들썩이며 소리 내어 울었다. 문득 아버지가 이해되기 시작했다. 이제껏 내가 아버지를 참았다고 착각했다. 아니었다. 철없고 예민한 막내인 나를 아버지가 '오래 참음'이 눈에 선명하게 들어오면서 마음 상처가 아물어갔다.

셋째, 자녀가 책과 가까워진다. 글 쓰는 아빠 주변에 초등학생인 아들과 딸이 자주 오간다. 아빠가 무얼 쓰는지 궁금해한다. 자기 이야기가 쓰여 있으면 수줍어하면서 좋음을 숨기지 못한다. 아빠 책꽂이에 진열된 책을 꺼내 본다.

학부모 공개수업 때 일이다. 딸 반의 1학년 학생들이 한 명씩 교실 앞으로 나가 자기 꿈을 발표했다. 학생들은 선생님이 예시로 들어준 의사, 과학자 같은 직업을 말했다. 딸 차례였다. 손에 힘이 들어갔다. '딸이 뭐라고 말할까?' 궁금했다. 딸 입에서 나오는 단어에 교실 분위기가 술렁거렸다. 선생님과 학부모들이 벌어진 입을 다물지 못했다. 그 단어는 바로 '작가'였다. 나도 모르는 사이 딸아이 가슴에 작가라는 꿈이 싹텄다. 딸의 꿈 고백으로 내게 새로운 꿈이 추가로 생겼다. 아내, 자녀가 자신의 인생 이야기를 담아 책을 출간해 작가가 되도록 돕는 것이다. '작가 가족'. 상상만 해도 엔도르핀이 돈다.

자신이 살아온 이야기를 책으로 쓰면 수십 권도 모자랄 거라고 말하는 사람이 많다. 하지만 그들에게 막상 책 쓰기를 권하면 "글솜씨가 없다. 책 쓸 시간이 없다."라고 수많은 핑계를 대며 손을 내젓는다. 책을 쓰는 게 말처럼 쉽지 않다. 포기하지 않는 끈기와 어려운 상황을 극복하고 밀어붙이는 뚝심이 필요하다. 책 쓰기는 단거리 달리기가 아니다. 호흡을 길게 하며 인내해야 하는 마라톤이다. 조급하게 서두르면 안 된다. 한 걸음씩 천천히 걷는 마음으로 임해야 한다. '즐겁고 가치 있는 일을 한다.'라는 가벼운 마음으로 나아가야 한다. 중간에 멈추고 싶은 생각이 들 때마다 내가 왜 책을 쓰는지 동기를 점검해야 한다. 한 권의 책 쓰기를 마무리할 즈음이면 이전과는 확연히 다르게 자존감이 높아지고 인내심이 강해진 자신을 만나게 된다.

〈잠수종과 나비〉라는 프랑스 영화는 실화를 바탕으로 제작됐다. 세계적인 패션 잡지인 '엘르' 편집장 출신인 장 도미니크 보비의 이야기를 다루었다. 보비는 아들과 드라이브 중에 뇌졸중으로 쓰러진다. 의식은 회복했지만 왼쪽 눈을 제외하고는 전신이 마비된다. 화려한 인생을 살아가다 최악의 나락으로 떨어졌지만 그는 삶을 놓지 않았다. 믿을 수 없는 일을 해냈다. 언어치료사 도움을 받아 15개월간 20만 번의 왼쪽 눈 깜박거림으로 130쪽에 달하는 책을 완성했다. 영화를 본 후 내 모습을 쳐다봤다. 글을 쓸 수 있는 손과 볼 수 있는 눈이 있음에 감사하다. 걸을 수 있는 다리가 있어

고맙다.

죽음 앞에서 사람은 숙연해진다. 죽음 앞에서 모든 사람은 정직하다. 생을 마감할 때 과연 무엇을 남겼다고 말할 수 있을까. 말은 사라진다. 물처럼 온데간데없이 증발한다. 하지만 글은 기록이 되어 남는다. 자신의 인생 스토리를 기록으로 남기는 일은 얼마나 가치 있는 일인가. 살아온 이야기를 담은 책을 써보라. 자녀에게 따로 유언할 필요가 없다. 책이 부모의 유품이자 유언이다.

나만의 인생 스토리를 담은 책이 서점 선반에 놓여 있는 장면을 상상해보라. 별과 같이 수많은 사람이 내 이야기에 위로받고 다시 일어서는 모습을 떠올려보라. 주어진 하루를 매일 반복되는 지겨운 '숙제' 하듯 살 것인가? 책에 담을 스토리로 소중히 여기며 '축제'처럼 살 것인가? 선택은 당신에게 달려 있다.

08
은퇴 시기는 이제부터 내가 정한다

아버지는 지방공무원이었다. 시골 면사무소 면장이었다. 명절이 되면 집 거실에 상자가 수북이 쌓였다. 면사무소 직원이 보낸 선물이었다. 어느 순간부터 상자 수가 급격히 줄기 시작했다. 그러더니 완전히 사라졌다. 선물이 크게 줄어든 해는 바로 아버지가 정년퇴임을 한 해였다.

일찍이 '은퇴'라는 단어는 내게 쓸쓸한 이미지로 자리 잡았다. 아버지를 따르던 사람들이 하나둘 멀어졌다. 집에 찾아오는 아버지 손님 발걸음 소리가 줄어들었다. 은퇴 후 아버지는 눈에 띄게 연로해졌다. 목소리가 우렁차고 추진력이 둘째가라면 서러운 아버지 모습이 쇠약해갔다. 삶의 활력을 잃은 아버지는 은퇴 후 몇 년이 지나 지병인 당뇨합병증으로 세상을 떠났다.

주말에 서울에 갔다. 모임 장소에 가기 위해 지하철을 이용했다. 지하철을 기다리다 무심코 왼쪽을 바라봤다. 낯익은 사람이 서 있었다. 그는 고위 공무원 출신으로 내가 아는 얼굴이었다. 반가운 마음에 인사했다.

"안녕하세요. 얼마 전 은퇴하셨다고 들었습니다."

"그냥 집에 있어요."

대화는 거기서 끊겼다. 은퇴라는 단어를 꺼낸 게 후회됐다. 누구도 은퇴라는 단어에 유쾌한 답변을 이어가지는 못할 것이다.

대기업도, 전문직도 정년이 불안정한 시대이다. 은퇴 없는 직장은 이 세상에 존재하지 않는다. 통계청 자료에 따르면 사업장 평균 정년은 58세(2014년 기준)지만, 사람들의 평균 수명은 남자 79.7세, 여자 85.7세로 평균 82.7세(2017년 기준)이다. 직장에 근무할 수 있는 정년에 비해 사람들 수명이 20년 이상 길다.

퇴직 이후의 인생을 미리 준비해야 한다. 퇴직할 즈음 '앞으로 무얼 하며 사나?'라고 고민하면 늦는다. 전 피겨스케이팅 국가대표인 김연아는 큰 대회를 앞두고 긴장되지 않느냐는 인터뷰에서 "준비를 너무 많이 해 시합이 떨리지 않는다."라고 답했다. 철저한 준비의 중요성을 엿볼 수 있는 말이다. '지금이 황금이다.'라는 말처럼 지금부터 미래를 준비해야 퇴직 순간을 삶의 한 과정으로 편안하게 수용할 수 있다. 준비된 사람은 미래가 두렵지 않다. 자신이 좋아하는 일을 하며 인생을 즐길 무대가 마련되어 있기 때문이다.

준비할 때 중요한 건 뚜렷한 방향 설정이다. 이제껏 직장생활을 해온 것처럼 다시 다른 직장을 구할 건지, 자신의 적성과 취미를 살려 새로운 일에 도전할 것인지를 정해야 한다. 예를 들어 봉사와 나눔을 통해 사람들과 더불어 행복한 인생을 살고 싶다면 그 분야에 대한 준비가 필요하다. 막연히 하고 싶은 사람과 준비된 사람은 퇴직 후 삶을 꾸려나감에 있어 '하늘과 땅' 차이다.

맥스 테그마크는 AI 분야에서 세계적 권위를 인정받는 석학이다. 미국 매사추세츠공대(MIT) 물리학과 교수인 그는 『문화일보』와 인터뷰에서 "직업이 AI로 대체되는 상황에서는 교사, 변호사, 예술가처럼 사람들과 대면하거나 창의적인 직업이 안전합니다."라고 말했다. 그의 말은 급변하는 미래 사회를 대비해 앞으로 직업을 선택할 때 나침반이 된다.

내가 직장에 더 다니고 싶어도 직장이 사라질 수 있다. 내가 좋아해 선택한 직업도 이제는 안전지대가 아니다. 변화 시점이 되면 자신을 냉정하게 돌아봐야 한다. 한 가지만 끝까지 붙드는 자세는 위험하다. "성을 쌓는 자 망하리라."라는 말이 있다. 이 말은 현재에 안주하면 망한다는 말과 통한다. 변화를 두려워 말고 끊임없이 새로운 일에 도전하라는 의미를 담은 뼈 있는 말이다. 자신의 직업을 돌아보라. 이 직업이 앞으로도 존재할 것인지, 어떤 방향으로 성장할 것인지를 지속해서 주시해야 한다.

전국 최고령 나이에 요양보호사 자격을 취득한 할아버지가 화제다. 올해 91세인 할아버지가 요양보호사 자격증 취득에 도전한 이유는 배우자를 돌보기 위해서다. 50여 년을 함께 한 아내가 경증 치매 증상을 보이자 '앞으로 증세가 더 심해지면 어떻게 하나?'라는 걱정에 나이를 뛰어넘은 시도였다.

할아버지는 "학원에 다니면서 20일 동안 하루에 꼬박 8시간씩 공부했다. 오직 아내를 내가 간호하겠다는 생각밖에 없었다."라고 말했다. 누구를 위해 무엇을 해야 할지를 분명히 아는 사람의 도전은 얼마나 아름다운가.

건강에 대해 생각해본다. 아흔이 넘은 할아버지가 건강하지 않다면 과연 새로운 분야에 도전할 의욕이 생겼을까. 하루 8시간씩 책상에 앉아 새로운 공부에 집중할 수 있었을까. 지금 하는 일에 충실하든 새로운 일에 도전하든 건강관리는 기본이다. 정기적인 운동을 통해 몸과 마음과 생각을 정돈하고 단련해야 한다. 건강해야 새로운 꿈을 꾸고 이룰 수 있다.

내가 좋아하는 일, 즐거운 일을 계속하는 한 '평생 현역'이다. 수입이 많고 적음은 다른 문제다. 직장 퇴직 후 보수는 없지만 봉사직업에 종사하는 사람도 여전히 현역 근무 중이라 말할 수 있다.

나는 사람들과 대면하는 '강연가'가 되고 싶다. 진솔한 글로 대중과 소통하는 '작가'가 되기를 꿈꾼다. 사람마다 가지고 있는 고유한 이야기가 궁금하다. 내 느낌과 생각에 대한 사람들 반응이 기대된다. 내가 추구하는 직업인 작가, 강연가는 '인생 후반전'에 발견한 나를 가슴 뛰게 하는 꿈이다. '인생 2막'을 아름답게 펼쳐나가도록 내가 찾은, 나에게 맞는 직업이다. "꿈은 이루어진다."라는 말처럼 꼭 꿈을 이뤄 넘어진 사람을 일으켜주고 더 성장하도록 돕는 가치 있는 삶을 살겠다.

지금껏 가족을 위해 밤낮 뛰어다니느라 자신의 꿈을 땅속 깊이 묻어두지 않았는가. 당신의 묵혀둔 꿈을 꺼낼 때이다. 다른 사람 기분 살피고 눈치 보며 살아온 자신을 일으켜 세울 때가 왔다. 내 안에 잠자고 있는 본성을 깨워라. 백수의 왕 사자처럼 세상 향해 마음껏 포효하며 마음속 응어리를 풀어내라. 두려움이 엄습해 오는가. 두려움이 인생에 편들 때마다 겁 없이 내 삶에 딴지 걸어 넘어뜨려라. 이제 가슴이 시키는 일을 하며 진정한 자신으로 살아가라. 은퇴 시기는 이제부터 내가 정하자.

생각 나눔터

질문은 더 좋은 미래를 여는 열쇠입니다. 자신과의 솔직한 대화는 내면을 단단하게 다지고 자존감을 높여줍니다.

1. 그동안 흘려보낸 기회는 무엇인가? 인생 전환점이 된 만남은 누구인가?

2. 순간 '욱'하는 감정을 참아 위기를 모면한 경험이 있는가?

3. 당신 가슴을 뛰게 하는 일은 무엇인가? 무엇을 할 때 시간 가는 줄 모르고 행복한가?

4. 당신이 쌓고 싶은 피라미드는 무엇인가? 목표달성을 위해 어떤 노력을 하는가?

5. 지금까지 가장 행복한 순간은 언제인가? 더 행복한 순간을 기대하며 살고 있는가?

6. 이루고 싶은 '꿈 목록'이 있는가? 일상에 활력을 불어넣는 나를 위한 이벤트는 무엇인가?

7. 책 쓰기를 생각해 본 적 있는가? 당신의 살아온 이야기가 책 쓰기에 '최고 글감'이라는 말을 어떻게 생각하는가?

8. 몇 세까지 일하고 싶은가? 은퇴 시기를 스스로 결정할 수 있도록 준비하고 있는가?

참고문헌

도서

M. 토케이어(2017). 영원히 살 것처럼 배우고 내일 죽을 것처럼 살아라. 함께북스

고재학(2010). 부모라면 유대인처럼. 예담friend

에리히 프롬(2000). 사랑의 기술. 문예출판사

이선이(2017). 마음앓이. 보아스

존 그레이(2015). 화성에서 온 남자 금성에서 온 여자. 동녘라이프

폴 호크(2015). 왜 나는 계속 남과 비교하는 걸까. 소울메이트

한기연(2017). 이 도시에 불안하지 않은 사람은 없다. 팜파스

기사

강지원(2018.10.8.). 오은영의 화해. 한국일보

곽금주(2018.9.13.). 경제는 심리다. 한국경제

김석(2018.8.17.). 파워 인터뷰 '맥스 테그마크 미국 MIT 교수'. 문화일보

김윤관(2018.9.14.). 기다림을 받아들이는 삶. 한국일보

신지후, 이한호(2018.11.27.). 우리 시대의 마이너리티 비음주자. 한국일보

정아람(2019.2.15.). 100세 김형석 "돈 끌어안고 살면 인격을 잃는다". 중앙일보

하헌형(2018.8.16.). 사내 동호회에 희로애락 多있네. 한국경제

"남이 챙겨주는 먹이라는 유혹 때문에
새장 안에 갇힌
당신의 잠재 능력을 끄집어내라."

_ 본문 중에서